Michael A. Meyer

Jüdische Identität in der Moderne

Aus dem Amerikanischen von
Anne Ruth Frank-Strauss

Jüdischer Verlag
Frankfurt am Main

Erste Auflage 1992
© der deutschsprachigen Ausgabe
Jüdischer Verlag im Suhrkamp Verlag
Frankfurt am Main 1992
Alle Rechte vorbehalten
Satz und Druck:
MZ-Verlagsdruckerei GmbH, Memmingen
Printed in Germany

Inhalt

Zur deutschen Ausgabe

In der jüdischen Geschichte setzten sich als erste die deutschen Juden ernsthaft mit den Problemen einer Gemeinde auseinander, die aus der intellektuellen und kulturellen Enge des mittelalterlichen Gettos in eine nichtjüdische Umwelt kam. Sie waren die Pioniere der sogenannten »modernen jüdischen Identität«. Obwohl die französischen und englischen Juden früher die bürgerliche Gleichheit genossen, besaß keine dieser beiden Gruppen das demographische Gewicht oder hatte das intellektuelle Anliegen, Juden in anderen Ländern als Vorbild der Modernisierung zu dienen. Die Juden Osteuropas begannen, teilweise dem deutschen Vorbild folgend, den gleichen Prozeß erst einige Generationen später.

Die deutsche Umwelt des späten achtzehnten und neunzehnten Jahrhunderts, die Hoffnung auf eine vollkommene Gleichheit verhieß, aber niemals vollkommen gewährte, forderte das traditionelle Selbstverständnis der Juden als eines abgesonderten Volkes heraus und gab ihnen Hoffnung, gleichberechtigte Deutsche und Europäer zu werden. Obgleich christliche Politiker und Intellektuelle in einem zutiefst ambivalenten Verhältnis zu Juden standen, teilten die Juden nicht diese Ambivalenz, sondern strebten eindeutig nach vollkommener politischer und kultureller Integration. Doch mit Ausnahme der Juden, die glaubten, daß das Judentum unfähig sei, im modernen Leben noch eine bedeutende Rolle zu spielen und die deshalb zum Christentum übertraten, suchte die große Mehrheit der deutschen Juden ihre jüdische Identität in irgendeiner Form zu bewahren, indem sie versuchten, das Judentum ihrer neuen Situation anzupassen. Bereits im achtzehnten Jahrhundert hatte der Philosoph Moses Mendelssohn zwischen seiner kulturellen Identität, die er als deutsch und europäisch verstand, und seiner religiösen Identität, die vollkommen jüdisch blieb, unterschieden. Im neunzehnten Jahrhundert kämpften führende jüdische Persönlichkeiten wie Gabriel Riesser glühend für das politische Anliegen ihrer Glaubensgenossen und beharrten darauf, daß Deutschland seinen eigenen Idealen nicht treu bliebe, wenn es den Juden das Recht verweigerte, religiös verschieden, doch politisch gleichgestellt zu sein. In den dreißiger Jahren des neunzehnten Jahrhunderts überprüften moderne jüdische Theologen die traditionellen Kategorien des jüdischen Glaubens und schufen verschiedenartige Formen eines modernen Judentums, indem sie ihre religiösen Bräuche ihrer nichtjüdischen kulturellen und religiösen Umgebung anpaßten.

Von den in diesem Band diskutierten drei Faktoren, die auf die moderne jüdische Identität einwirkten – Aufklärung, Antisemitismus und Zionismus –, waren die beiden ersten für die Identität der deutschen Juden von entscheidender Bedeutung. Vom achtzehnten Jahrhundert an klammerten sie sich an den Glauben, daß Rationalität und universale Toleranz, das zweifache Ziel des Aufklärungsprozesses, die größte Hoffnung für ihre erfolgreiche Integration in die deutsche Gesellschaft böten. Sie waren wegen des Antisemitismus ständig in Sorge. Paradoxerweise minderte er die Bereitschaft, anders als die Nichtjuden zu sein, förderte aber auch zugleich die Entschlossenheit, seinen verderblichen Einfluß zu bekämpfen. Nur der Zionismus blieb eine schwächere Stimme innerhalb des deutschen Judentums. Zwar gab es deutsche Juden, die von Beginn an Zionisten waren, und während der Weimarer Periode fühlten sich einige der angesehensten jüngeren deutschen Juden zur zionistischen Bewegung hingezogen. Doch spielte er in Deutschland zahlenmäßig keine so bedeutende Rolle wie in Osteuropa. Bis zur Mitte der dreißiger Jahre waren die meisten deutschen Juden liberal gesonnen und glaubten, daß Aufklärung den Antisemitismus bannen könnte und die zionistische Lösung sich als überflüssig erwiese.

Obgleich meine eigenen Forschungen als Historiker sich bisher meistens auf die intellektuelle und religiöse Geschichte der deutschen Juden richteten, versuche ich in diesem Buch, das aus Vorlesungen an der University of Washington in Seattle hervorgeht, mein Netz so weit wie möglich zu spannen, indem ich Beispiele aus verschiedenen Teilen Europas, den Vereinigten Staaten und dem Staat Israel anführe. Dieser deutschen Ausgabe wurde jedoch noch eine an der Syracuse University in Syracuse, New York, gehaltene öffentliche Vorlesung ohne Fußnoten angefügt, die ihr Augenmerk auf den besonderen Kampf der deutschen Juden um ihre jüdische Identität richtet.

Die deutschen Juden, die als erste ein jüdisches Leben in der Moderne schufen, waren auch die ersten Opfer einer beispiellosen Barbarei, die wider alle Hoffnungen und Erwartungen in jenem Land, das sie als ihr Vaterland ansahen, die Macht erlangte. Die Nazis hoben zunächst den Prozeß der Integration auf, durch den sie zu modernen Juden geworden waren, und benutzten dann die Waffen einer modernen Technologie, um sie in Deutschland und in anderen Ländern millionenfach zu vernichten. Heute kann – außer für jene, die noch persönliche Erinnerungen haben – nur die historische Rekonstruktion Juden und Nichtjuden als eine Brücke dienen, die über den Abgrund zurück zur Erfahrung der deutschen Juden mit der Moderne führt.

Cincinnati, Ohio
Im Herbst 1991

Einführung
Zum Begriff jüdischer Identität

Lange bevor das Wort unter Psychoanalytikern und Soziologen in Mode kam, waren Juden in der modernen Welt auf das Thema der *Identität* fixiert. Sie sahen sich dem Problem gegenüber, daß das Judentum in keine der üblichen Kategorien zu passen schien. Bis zur Gründung des Staates Israel waren die Juden keine Nation, zumindest nicht im politischen Sinne; Jude zu sein bedeutete etwas anderes als Deutscher, Franzose oder Amerikaner zu sein. Auch nach 1948 blieben die meisten Juden ihrer Nationalität nach etwas anderes als Juden. Allein durch ihre Religion konnten die Juden sich auch nicht definieren. Kaum jemand konnte ernstlich behaupten, das Judentum sei einfach ein religiöser Glaube wie etwa das Christentum. Die einfachste Antwort wäre, daß das Judentum eine Mischung aus Ethnischem und Religiösem sei. Doch in welchem Verhältnis? Und war das Ganze nicht doch mehr als nur eine Verbindung dieser beiden Elemente?

Martin Buber, gewiß einer der profundesten jüdischen religiösen Denker des zwanzigsten Jahrhunderts, behauptete, daß die Juden sich jeder Klassifikation entzögen.[1] Für die Nichtjuden seien sie ein beunruhigendes Phänomen und sich selbst ein Rätsel. Ihre Einzigartigkeit beschwor den Antisemitismus derer herauf, die unfähig waren zu tolerieren, was sich nicht einordnen ließ, auf seiten der Juden aber den verzweifelten Wunsch, in eine akzeptierte Kategorie zu passen. Sie konnten die Unsicherheit nicht ertragen, abgesondert zu sein. Für Buber vermochte nur das innere Auge des Glaubens die Einzigartigkeit der Juden wahrzunehmen. Sie ließ sich nur als das Joch des Königreichs Gottes ertragen. Für Sigmund Freud, den wohl im weitesten Sinne einflußreichsten Juden des zwanzigsten Jahrhunderts, war jüdische Identität nicht weniger schwer zu bestimmen. Wenn auch aus Freuds säkularer Sicht der Glaube keine Rolle bei der Bestimmung seines jüdischen Selbstverständnisses spielte, so konnte er ebenso wenig wie Buber das Judentum einfach nur als ethnische Zugehörigkeit begreifen. Es fällt auf, daß der einzige Fall, in dem Freud das Wort *Identität* mehr als nur beiläufig gebrauchte, in einer oft zitierten Ansprache vorkommt, die er 1926 in Wien vor seiner B'nai B'rith Loge hielt. Hier bekannte er, daß er sich zu Juden und zum Judentum unwiderstehlich hingezogen fühlte durch »viele dunkle Gefühlsmächte, umso gewaltiger, je weniger sie sich in Worten erfassen ließen, ebenso wie die klare Bewußtheit der inneren Identität, die Heimlichkeit der gleichen seelischen Konstruktion«.[2] Freud fand wie Buber, daß jüdische Identität sich im Dunkeln des individuellen Bewußtseins, jenseits jeder Definition, offenbart.

In den letzten Jahrzehnten waren es nicht nur Juden, die sich mit der quälenden Frage nach ihrer Identität[3] auseinandersetzten. Während der letzten Generation rückte dieser Begriff in den Mittelpunkt psychologischer und sozialer Theorien, vielleicht, weil nun deutlicher wurde, daß der Prozeß der ökonomischen Modernisierung die Beziehungen zwischen dem Einzelnen und der Gesellschaft verschoben hatte und daß die kulturelle Kontinuität von einer Generation zur nächsten in Gesellschaften ohne traditionelle Bindungen nicht leicht bewahrt werden konnte. Dieses Interesse wurde weitgehend durch das Werk Erik H. Eriksons angeregt, der Identität als die Kategorie einführte, die das seelische Wachstum des Individuums mit den Normen der Gesellschaft verbindet, in die es als Jugendlicher hineinwächst. Seine Schriften regten Psychoanalytiker an, das breitere Geflecht der Geschichte wahrzunehmen, während Historiker gezwungen wurden, sich mit der Psychodynamik individueller Entwicklung zu beschäftigen. Als Eriksons Werk zunehmend beachtet wurde, versuchten andere Autoren, seine Ideen auf die klinische Praxis, die Sozialwissenschaften und die Historiographie zu übertragen. Identität wurde definiert und umdefiniert. Ihr Gehalt und ihre Bindekraft wurden in Fallgeschichten beschrieben und in Testreihen öffentlicher Meinungsumfragen errechnet. Erikson selbst fand, daß das Konzept außerordentlich fruchtbar sei, sich aber hartnäckig jeder Festlegung entziehe. Er bezeichnet Identität als einen »Ausdruck für etwas, das ebenso unergründlich als allgegenwärtig ist«.[4]

Jede Identität, nicht allein die jüdische, ist ein Konzept, das sich nicht in einfache Kategorien zwängen läßt. Dennoch muß der Analyse ihrer jüdischen Erscheinungsform zunächst eine vorläufige Definition des allgemeinen Konzepts vorausgehen. Unter Bezug auf Erikson haben wir die Möglichkeit, die Konturen zu umreißen. In diesen Vorträgen werde ich Identität als die Gesamtheit der Eigenschaften verstehen, die Individuen als zu ihrem Selbst gehörend betrachten. Individuelle Identität wird auf frühen Identifikationen aufgebaut, die das Kind mit ihm nahestehenden Personen, ihren Wertvorstellungen und Verhaltensmustern vollzieht. Wenn das Individuum erwachsen wird, müssen diese Identifikationen nicht nur miteinander verschmelzen, sie müssen auch in die Normen der Gesellschaft integriert werden, in der das Individuum eine Rolle übernehmen wird. Dieser Prozeß stellt die »Identitätsbildung« dar, ein oft schwieriges Stadium, das, wie Erikson zeigte, zu langwierigen Adoleszenzkrisen führen kann. Eine solche Krise ist vor allem dann zu erwarten, wenn ein wesentlicher Bruch besteht zwischen den früheren Identifikationen, die im vertrauteren Familienkreis herrschten, und den andersartigen Werten, mit denen das Individuum konfrontiert wird, wenn es in die Gesellschaft eintritt. Wie wir sehen werden, sind solche Brüche entscheidend für das Verständnis des Identitätskonflikts, der durch die Berührungspunkte zwischen dem Judentum und der Moderne herbeigeführt wird. In psychoanalytischen Begriffen: Das Über-Ich des jüdischen Kindes, durch die von den Eltern als Teil einer traditionell jüdischen Gesellschaft vermittelten Gebote und Verbote geprägt, fühlt sich in einer historischen Situation verloren, die diese nicht bestätigt oder sie gar unterminiert. Die Erwartungen werden, wie Erikson bemerkt, zerstört, was sich für die Identitätsbildung als traumatisch erweisen kann.[5] Das Ergebnis ist ein Gefühl des Verwaistseins,[6] oder, in sozialwissenschaftlichen Begriffen, es entsteht eine psychologisch qualvolle kognitive Dissonanz einander widersprechender Wertsysteme.[7] Harmonisierende Ideologien kommen auf, die versuchen, die Kontinuität wiederherzustellen und den Schmerz zu lindern.

In Zeiten vor der Moderne verhinderte die Übereinstimmung zwischen Familie und Gesellschaft, daß die jüdische Identität zu einem Problem wurde. Die Eltern prägten ihren Kindern dieselben Werte ein, die sie selbst verinnerlicht hatten, als sie heranwuchsen, Werte, die eine geistig selbstgenügsame jüdische Gesellschaft gebildet hatte. Diese Kontinuität erstreckte sich über Generationen. Das soll nicht heißen, daß der Übergang von der Kindheit zum Erwachsensein bei Juden vor der Moderne in jedem Fall vollkommen reibungslos verlief. Sicherlich rief die Psychodynamik des Reifeprozesses auch damals Familienkrisen hervor, doch sie beschränkten sich auf den Rahmen der begrenzten Möglichkeiten, die sich dem Heranwachsenden boten. Unter diesen gab es allerdings verschiedene Spielarten des Judentums, wie etwa die pietistische oder die rationalistische. Doch diese Möglichkeiten lagen alle innerhalb wohlverstandener Grenzen. Das von den Eltern eingepflanzte Über-Ich ergab gewöhnlich »ein Maximum an kollektiver Bedeutung im Sinne der Ideale der Tage«.[8]

Die Modernisierung aber öffnet die Grenzen zur Welt außerhalb der jüdischen Gemeinde und bietet die Möglichkeit der Wahl, die ihre Kontinuität bedroht. Aus der Perspektive jüdischer Identität ist Modernisierung am ehesten als der historische Prozeß zu verstehen, in dem ein zunehmendes Eindringen nichtjüdischer Ideen und Symbole die vorgegebene Kontinuität der Generationen aushöhlt und sich von Ort zu Ort ausbreitet, von einer Gesellschaftsschicht der Juden auf andere übergreift. Das Ergebnis ist die jüdische Modernität: ein ständiger – möglicher oder tatsächlicher – Konflikt der inneren Kontinuität mit den Kräften außerhalb der jüdischen Tradition. Etwas anders ausgedrückt: Eine vormoderne, umfassende jüdische Identität verengte sich, um anderen Identitätskomponenten Platz zu machen, die nun entweder neben ihr her existierten oder ungehindert mit ihr verschmolzen. Der Einfluß des jüdischen Teils schwankte, er wurde im Verhältnis zu den neuen Elementen, die von außen auf den jüdischen Lebensbereich einwirkten, stärker oder schwächer.

Was über jüdische Identität geschrieben wurde, fällt in drei Kategorien.[9] Sozialwissenschaftler erstellten komplexe Modelle jüdischer Identitätsstruktur und führten eingehende Untersuchungen durch, um die Intensität, den Wechsel und die Richtung der jüdischen Identifikation zu bestimmen. Ihre analytischen und quantitativen Studien konzentrierten sich auf die Gegenwart und berücksichtigten kaum die längerfristige historische Entwicklung. Sie zeigen gegenwärtige Trends, tragen aber weder zum Verständnis der gegenwärtigen Situation viel bei noch zum Verständnis ihrer Herkunft und der allgemeineren Einflüsse, die auf jüdische Individuen und Gemeinden einwirken.[10] Eine andere Art von Literatur zeugte von persönlichem Engagement. Prominente Juden schrieben über ihre eigene Erfahrung als Juden. Einige behaupteten, die jüdische Identität müsse gestärkt werden, andere schlugen vor, wie sie innerlich bereichert und durch jüdische Erziehung wirkungsvoller vermittelt werden könnte.[11]

14

Solche Schriften spiegeln die beständige Sorge um das Überleben der Juden wider und die Erkenntnis, daß jüdische Identität dafür die unerläßliche Bedingung ist. Die dritte Art von Literatur verfährt historisch. Sie konzentriert sich meist auf besondere Individuen oder kritische Perioden der modernen Geschichte der Juden. Ihre Betrachtungsweise ist gemeinhin weniger quantitativ als die soziologischen Studien und interpretiert solche Trends, die sie als entscheidend für ein sich veränderndes jüdisches Selbstverständnis betrachtet.

Die folgenden Vorträge fallen eindeutig in die dritte Kategorie. Ihr hauptsächliches Anliegen ist nicht, eine Theorie der jüdischen Identität aufzustellen; sie basieren nicht auf neuen Umfragen. Sie enthalten auch keine Überlegungen über meine eigene jüdische Identität oder Vorschläge, wie jüdische Identität am besten bewahrt und gestärkt werden könnte. Sie versuchen vielmehr, anders als frühere historische Abhandlungen, das gesamte Feld jüdischer Modernität zu vermessen. Natürlich kommen in einem so gedrängten Umfang nicht einmal annähernd alle Einzelfälle der immer wieder vorkommenden Konflikte jüdischer Identität mit anderen Identitäten in der modernen Welt zu Wort. Historische Quellen dienen hier mehr als Anschauungsmaterial denn als integrale Elemente eines chronologischen Berichts. Und sie greifen hauptsächlich auf Bereiche meiner eigenen Forschung oder Interessen zurück. Meine Absicht ist dennoch, eine Dynamik jüdischer Identität in der Moderne aufzuzeigen, die ich, verschieden gewichtet, für allgemein gültig halte.

Diese Vorträge versuchen, das Wirken und die Auswirkungen der Einflüsse zu erklären, die meines Erachtens die jüdische Identität mehr als alle anderen geformt haben: die Aufklärung als fortlaufender Prozeß, der Antisemitismus und das Gefühl der jüdischen Volkszugehörigkeit, das der Zionismus verkörpert. Die Aufklärung lud Juden ein, sich mit einer größeren Welt über die Grenzen des Judentums hinaus zu identifizieren. Der Antisemitismus, der die Juden ablehnte, hatte eine zwiespältige Wirkung, indem er jüdische Bindungen einerseits stärkte, andererseits schwächte. Der Zionismus brachte, obwohl auch er zu Spaltungen führte, die modernen Juden für ein gemeinsames Ziel zusammen. In verschiedenen Konstellationen zwangen diese drei Einflüsse die Juden, ihr jüdisches Selbstverständnis und die Rolle des Judentums in ihrem Leben neu zu überdenken und zu bestimmen. Wenn auch jeder einzelne dieser Einflüsse an bestimmte historische Ereignisse gebunden ist, sind ihre Kräfte noch immer wirksam. Auf diese Weise sind die folgenden Vorträge ihrem Inhalt nach historisch und versuchen zugleich, die Dynamik von äußeren und inneren Kräften zu verstehen, die die moderne jüdische Identität bis zur Gegenwart hin immer neu und anders geprägt haben und dies wahrscheinlich auch in Zukunft tun werden.[12]

Anmerkungen

1 Martin Buber, »Der Jude in der Welt«, in: *Die Stunde und die Erkenntnis. Reden und Aufsätze 1933-1935.* Berlin 1936, S. 41-48.

2 Sigmund Freud, »Ansprache an die Mitglieder des Vereins B'nai B'rith«, (1926) *Gesammelte Werke,* Schriften aus dem Nachlaß. London 1941; 6. Aufl. Frankfurt a. M. 1978, Bd. 17, S. 52.

3 Siehe besonders Philip Gleason, »Identifying Identity: A Semantic History«, in: *Journal of American History,* 69, 1983, S. 910-931. Carl N. Degler schlug in seiner Antrittsrede als Präsident der American Historical Association 1986 vor, daß im Mittelpunkt der amerikanischen Geschichtsschreibung in zunehmendem Maße die Frage stehen solle: Was bedeutet es, Amerikaner zu sein? *American Historical Review* 92, 1987, S. 2. Jürgen Habermas stellte das Problem der kollektiven Identität in einen universalen philosophischen und politischen Zusammenhang in »On Social Identity«, in: *Telos* 19, Frühjahr 1974, S. 91-103. Und verschiedene historische Studien haben in den letzten zwei Jahrzehnten das komplexe und unregelmäßige Aufkommen nationaler Identitäten untersucht. Siehe z. B. Eugen Weber, *Peasants into Frenchmen: The Modernization of Rural France, 1870-1914,* Stanford, Calif. 1976 und John A. Armstrong, *Nations before Nationalism,* Chapel Hill 1982.

4 Erik H. Erikson, *Jugend und Krise. Die Psychodynamik im sozialen Wandel.* Aus dem Englischen von Marianne von Eckardt-Jaffé, Stuttgart 1970, S. 7.

5 Ebd., S. 163.

6 Der Terminus stammt von Uriel Tal, »Jewish Identity« (hebr.), in: *Ha-Aretz,* 12. Oktober 1986 S. 11.

7 Leon Festinger, *A Theory of Cognitive Dissonance,* Stanford, Calif. 1962.

8 Eriksons Formulierung in *Kindheit und Gesellschaft,* Stuttgart 1965, S. 306.

9 Ich habe hier die Kategorien von Michael Oppenheim in seinem »›A Fieldguide‹ to the Study of Modern Jewish Identity«, in: *Jewish Social Studies* 46, 1984, S. 215-230, etwas modifiziert.

10 Siehe die zahlreichen Arbeiten von Simon N. Herman zu diesem Thema: *Israelis and Jews: The Continuity of an Identity,* Philadel-

phia 1971 und *Jewish Identity: A Social Psychological Perspective*, Beverly Hills 1977. Siehe auch Arnold Dashefsky und Howard M. Shapiro, *Ethnic Identification among American Jews: Socialization and Social Structure*, Lexington, Mass. 1974; Arnold Dashefsky (Hg.), *Ethnic Identity in Society*, Chicago 1976; Marshall Sklare und Joseph Greenblum, *Jewish Identity on the Suburban Frontier: A Study of Group Survival in the Open Society*, Chicago, 2. Aufl. 1979; Steven M. Cohen, *American Modernity and Jewish Identity*, New York 1983. Harold S. Himmelfarb gibt einen Bericht über theoretische Feldstudien, die sich auf das amerikanische Judentum beziehen, in »Research on American Jewish Identity and Identification: Progress, Pitfalls, and Prospects«, in: Marshall Sklare (Hg.), *Understanding American Jewry*, New Brunswick 1982, S. 56-95.

11 Siehe etwa die vom American Jewish Committee in den 1970er Jahren unter dem Titel *Jewish Education and Jewish Identity* veröffentlichte Reihe von Abhandlungen. Siehe auch Jacob Neusner, *Stranger at Home: »The Holocaust«, Zionism, and American Judaism*, Chicago 1981.

12 Man könnte behaupten, daß die jüdische Religion auch eine die jüdische Identität bestimmende Kraft ist. Obwohl offensichtlich ein sehr großer Teil der modernen Juden seine jüdische Identität zumindest teilweise in religiösen Begriffen definiert, verstehe ich die jüdische Religion in der modernen Welt als ein Element der Kontinuität, eine Gegebenheit, die auf äußere Einwirkungen reagiert und manchmal durch sie verändert wird, doch die nicht selbst eine verändernde Kraft ist. So ist das Judentum während der letzten zweihundert Jahre stark von der Aufklärung beeinflußt, zu einem gewissen Grade vom Antisemitismus bewegt und mit Sicherheit durch seine Reaktion auf den Zionismus gestaltet worden. Selbst die Spaltungen im modernen Judentum – in Orthodoxe, Konservative, Rekonstruktionisten und Reformer –, läßt sich weitgehend dadurch erklären, in welchem Maße verschiedenartige religiöse Juden den Einfluß der Aufklärung auf den Glauben und die Rituale ihrer Religion zugelassen haben.

Aufklärung
Die großen Verlockungen der Vernunft
und des Universalismus

Aufklärung als Terminus bezieht sich auf eine bestimmte geistige Bewegung in der europäischen Geschichte. Ihr jüdisches Gegenstück wurde als die *Haskala* bekannt. Obwohl nicht alle Denker der Aufklärung den Juden freundlich gesonnen waren, bewirkte ihre Bewegung, daß die Juden sich einem weiteren Horizont öffneten. Ich will hier jedoch weder die Aufklärung im Verhältnis zu den Juden diskutieren, noch einen historischen Abriß der Haskala geben, die sich von Mitteleuropa ostwärts bis nach Rußland verbreitete. Statt dessen werde ich mich in erster Linie mit der Aufklärung in einem allgemeinen Sinn befassen, als einer Macht, die auf einzelne Juden und jüdische Gemeinden einwirkte und verschiedene Reaktionen hervorrief. Diese spiegelten sich in verschiedenen Formen jüdischer Identität wider. Es ist also der Inhalt und die Wirkung der Aufklärung, die uns hier interessiert, nicht ihre verschiedenen Repräsentanten oder Systeme. Dieser Inhalt setzt sich meines Erachtens aus zwei Hauptelementen zusammen, die einander wechselseitig beeinflussen: Vernunft und Universalismus. Sie stehen in einer Wechselbeziehung, weil die Vernunft eine universale Gemeinde rationaler Personen voraussetzt, während der Universalismus eine gemeinsame, rationale Basis der Verständigung erfordert. In dieser Weise betrachtet kann man sagen, daß die Aufklärung mehr als zweihundert Jahre lang die jüdische Geschichte nachhaltig beeinflußt hat.

Die Aufklärung höhlte zwar die jüdische Identität in ihrer vormodernen Form aus, zugleich aber wurde sie ein wesentliches Element ihrer modernen Erscheinungsformen. Einerseits hat sie die jüdische Lehre von einer übernatürlichen

Offenbarung und den religiösen und ethischen Anspruch auf Absonderung in Frage gestellt. Doch andererseits wurde die Aufklärung Teil der Identität fast aller modernen Juden. Nur noch wenige Juden versuchen heute, sie auszuschließen.

Um die vielfältigen Formen, in denen die Aufklärung die moderne jüdische Identität beeinflußt hat, besser verstehen zu können, muß man mit einer kurzen Betrachtung der vormodernen jüdischen Identität beginnen. Rationalismus und Universalismus waren dem jüdischen Bewußtsein natürlich bereits vor der Moderne nicht vollkommen fremd. Es gibt eine reiche Tradition jüdischer Philosophie, die bis zu Philo von Alexandrien zurückreicht und sich über das ganze Mittelalter erstreckt. Die Juden haben niemals den Universalismus der biblischen Propheten abgelehnt. Doch aus verschiedenen Gründen, nicht zuletzt, weil sie ausgeschlossen und verfolgt wurden, hatten die jüdischen Gemeinden vor der Moderne dieses Erbe meist vernachlässigt. Statt dessen betonten sie ihre eigene, göttlich verfügte Getrenntheit und Überlegenheit.

Anhand des Werkes von Jacob Katz[1] können wir mühelos die Elemente dieser Absonderung feststellen, die sich durch Generationen hindurch in der vormodernen jüdischen Identität behauptet haben. In ihrem Mittelpunkt stand der feste Glaube, daß die Juden Gottes auserwähltes Volk seien, daß sie in einem besonderen Verhältnis zu Gott stünden, daß die Verfolgung, die sie im Exil erlitten, durch ihre eigene Sündhaftigkeit verursacht worden war und daß sie erst nach vollkommener Reue wieder zu einem wunderbaren Leben in ihrem eigenen Land zurückkehren würden. Ein Messias aus ihrem Stamm würde über die Völker der Erde herrschen. Jüdische Kinder wurden mit dem Glauben an eine scharfe Trennung zwischen Juden und Nichtjuden erzogen. Jene wurden für rein erklärt, für Kinder des Bundes; diese galten als unrein und unbeschnitten. Man sollte ihnen keine Hochachtung entgegenbringen oder ihre Handlungen nachahmen.[2] Wenn Zorn auf ihre Verfolger in ihnen aufstieg und keine Zensur sie daran hinderte, frei zu schreiben, bezeichneten Juden des Mittelalters die Christen als Götzenanbeter, ihre Kirchen als Häuser der Schande und ihren Erlöser als den Gehängten.[3] Obwohl das Judentum von seinen triumphierenden Tochter-religionen – dem Christentum im Westen und dem Islam im Osten – besiegt worden war, hielten sie im Glauben daran fest, daß die Juden das Volk waren, das Gott am meisten liebte.

Äußerliche Trennung, die die Juden zuweilen selbst be-grüßten, und Abzeichen, die ihnen die Nichtjuden aufzwan-gen, um sie als Juden zu kennzeichnen, verstärkten nur diese Gefühle der Absonderung. Zwar erlaubte ihnen das jüdische Gesetz, Zinsen zu nehmen, wenn auch nicht von Juden, ver-bot ihnen aber, den Wein von Nichtjuden zu trinken und de-ren Speisen zu essen. Die strenge Befolgung des Sabbat war dabei wichtiger als an diesem Tag das Leben eines Nichtjuden zu retten. Es gab keinen neutralen ideologischen Boden, auf dem Jude und Nichtjude einander begegnen konnten, keine Menschheitsreligion, die sie gemeinsam hatten. Der einzelne war entweder ausschließlich das eine oder das andere. Bekeh-rung war der einzige Weg, der aus dem Getto führte. Inner-halb seiner Mauern wurden klare Modelle jüdischer Identität im Elternhaus, in der Schule und in der Gemeinde vermittelt. Es gab keine Lücken, keine Vorkommnisse, die zu ernsten Identitätskrisen führten.

Die jüdische Gemeinde des Mittelalters ließ wenig Raum, Individualität zu entfalten. Sie unterwarf jedes Kind und je-den Erwachsenen ihren strengen Normen. Haym Solovei-tchik zeigte die extremen Formen, die diese Normen unter den Chassidim im Deutschland des Mittelalters annahmen.[4] Sie forderten Anpassung nicht nur im Handeln, sondern auch im Empfinden und drohten jenen mit schrecklichen göttlichen

Strafen, die nicht dem Ideal der Gemeinde entsprachen. Die Chassidim des Mittelalters schreckten nicht davor zurück, Bücher zu verbrennen, wenn sie eine unzulässige Botschaft übermittelten. Und sie ermutigten alle Gemeindemitglieder, jedem einzelnen den kollektiven Willen aufzuzwingen. Indem sie Zäune innerhalb von Zäunen errichteten, betrachteten sie selbst das nichtchassidische Judentum als eine Bedrohung der reinen Religion. Die nichtjüdische Welt lag noch weiter außerhalb, jenseits der äußersten Grenze.[5]

Während des Spätmittelalters gab sich das Judentum in manchen Gegenden weniger ausschließlich, wenn es seine Besonderheit auch nur zögernd und nie vollständig aufgab. Die tolerantere Einstellung des provenzalischen Rabbi Menahem HaMeiri im späten dreizehnten Jahrhundert, der Moslems und Christen von Götzenanbetern unterschied, setzte sich im aschkenasischen Judentum weder zu seiner Lebenszeit noch Jahrhunderte später durch. In der neuen chassidischen Bewegung, die im Osteuropa des achtzehnten Jahrhunderts entstand und bis heute lebendig geblieben ist, blieb die scharfe Trennung zwischen der jüdischen und der nichtjüdischen Welt bestehen. Einer ihrer wichtigsten Texte gibt dieser Trennung einen metaphysischen Rang. Unter Berufung auf die jüdische mystische Tradition erklärte er, daß die Seelen der Nationen der Welt wegen ihrer Herkunft aus dem Reich des Bösen ihrem Wesen nach unfähig sind, etwas Gutes um seiner selbst willen zu tun.[6] Im neunzehnten Jahrhundert warnte der führende ungarische Rabbi Moses Sofer seine Nachfolger, sich von den sogenannten Modernisten fernzuhalten und keine ihrer Schriften zu lesen. Sie sollten lieber ihre Studien auf die traditionellen Texte und Kommentare beschränken, ihre Namen nicht verändern, ihre traditionelle Kleidung tragen und die Sprache der Juden beibehalten.[7] Noch heute lehnt ein winziger Teil der jüdischen Gemeinde die Aufklärung als antijüdischen Eindringling ab und über-

schreitet im äußersten Fall die Grenze von religiöser Absonderung zu Chauvinismus und Rassismus.[8] Die große Mehrheit
der Juden jedoch hat die Aufklärung zum Teil ihrer Identität
gemacht, ihr neben ihrem jüdischen Erbe einen Platz eingeräumt oder sogar beide harmonisch miteinander verbunden.
Wie kam es dazu?

Der erste große Konflikt zwischen einer von der Gemeinde
auferlegten jüdischen Identität und dem modernen Individualismus entstand im siebzehnten Jahrhundert in Holland.
Die sefardischen Juden von Amsterdam hatten etwas von
dem streng autoritären religiösen System der iberisch-katholischen Umgebung angenommen, vor dem sie geflohen waren.
Sie waren wie die Inquisition wenig tolerant gegenüber Abweichungen. Doch ihre eigene Identität war nicht stabil.
Einige waren Marranen gewesen, die sich heimlich als Juden
bekannten, aber ein nur unvollkommenes Wissen über das
Judentum besaßen und unfähig waren, es richtig zu leben. In
Amsterdam behaupteten sie ihr Judentum ohne Furcht vor
Verfolgung. Doch aus einer offensichtlich bleibenden Unsicherheit heraus fürchteten sie Ketzerei als eine Macht, die ihr
neugewonnenes Selbstverständnis als mustergültige Juden
unterlaufen könnte.

Uriel Acosta war selbst ein Marrane in Portugal gewesen,
bevor er im zweiten Jahrzehnt des siebzehnten Jahrhunderts
nach Amsterdam kam. Doch seine Rückkehr zum Judentum
verlief von Anfang an schwierig. Er war eine äußerst unabhängige Persönlichkeit, dessen jüdische Identität nicht etwas
Natürliches von Kind an Übernommenes war, sondern er
fand eine positive jüdische Identifikation erst durch die wachsende Überzeugung, daß das Judentum der wahre Glaube sei.
Ob er weiterhin daran festhalten konnte, hing von der Tragfähigkeit dieser Überzeugung ab. Er hatte irrtümlich geglaubt,
daß das Judentum einfach der Glaube der hebräischen Bibel
sei. Als er entdeckte, daß die Rabbiner biblische Gesetze und

23

Dogmen wesentlich verändert und erweitert hatten, geriet er mit den Juden Amsterdams aneinander. Und als er beharrlich den Glauben und die Gebräuche des rabbinischen Judentums ablehnte, legten sie ihn in den Bann. Da er keine Möglichkeit für sich sah, innerhalb der jüdischen Gemeinde und dabei mit seinem Gewissen in Einklang zu leben, beging er schließlich Selbstmord.[9]

Acosta ist von besonderem Interesse für das Studium der jüdischen Identität. Ähnlich wie jene von Erikson beschriebenen begabten Intellektuellen, die versuchen, eine einheitliche Weltsicht zu gewinnen, und dabei in eine andauernde Identitätskrise geraten, war Acosta ein Mann, der Widersprüche schlecht ertragen konnte. Sein tiefes Bedürfnis nach Schlüssigkeit trieb ihn zunächst vom Neuen zum Alten Testament; schließlich lehnte er jede Offenbarung zugunsten des allein herrschenden Naturgesetzes ab. Er entschied sich endgültig für jenen Zusammenhang, den die unbegrenzte Vernunft als ausschließlichen Wegweiser durchs Leben bereitstellte. Baruch Spinoza, der unmittelbar nach Acosta in Amsterdam lebte, verfolgte einen ähnlichen Weg. Auch für ihn wich die jüdische Identität einer größeren Bindung an die Gemeinschaft aller rationalen Menschen, wenn auch diese Gemeinschaft keine Basis in der gesellschaftlichen Realität hatte. Auch über Spinoza wurde der Bann verhängt.

Weder Acosta noch Spinoza verließen das Judentum um einer anderen Glaubensgemeinschaft willen. Für ihre Zeitgenossen waren sie Ketzer, Männer, deren Überzeugungen sie aus einem Judentum ausschlossen, das ihre Abweichung nicht dulden konnte. Doch paradoxerweise wurden Acosta – und besonders Spinoza – für spätere jüdische Intellektuelle zu Vorbildern für jüdische Identität.[10] Gerade ihr Nonkonformismus sprach die Juden späterer Generationen an, die begannen, ihr Judesein als Randexistenz zu verstehen, was ihnen besondere Einsichten ermöglichte. Im Alter bezeichnete

Freud sich als »ein alter Jude, aber ein untreuer«; der Philosoph Walter Kaufmann nannte seine Religion »den Glauben eines Ketzers«; und der marxistische jüdische Intellektuelle Isaac Deutscher identifizierte sich mit einer ganzen Ahnenreihe jüdischer ketzerischer Tradition, die von Elisha ben Abuyah in der Antike über Spinoza, Heine, Marx bis zu Rosa Luxemburg, Trotzki und Freud führte.[11] Doch Acosta und Spinoza waren zu ihrer Zeit gesellschaftlich isoliert. Sie standen allein außerhalb der jüdischen Glaubensgemeinschaft. Erst ein Jahrhundert später begann innerhalb der jüdischen Gemeinden eine Bewegung zu wachsen, die die Identifikation erweiterte und über die Grenzen des Judentums ausdehnte.

Die europäische Aufklärung des achtzehnten Jahrhunderts gab den Anstoß zu dem Prozeß, der die Gedanken der jüdischen Absonderung aushöhlte.[12] Trotz der ambivalenten Haltung der Anhänger der Aufklärung gegenüber den Juden – nahezu alle verdammten das Judentum – waren sie aufgrund der universalen, rationalen Kategorien, in denen sie dachten, gezwungen, die Juden in die menschliche Gemeinschaft einzubeziehen. Die Naturreligion, die Religion der Vernunft, lag als Glaube sowohl dem Judentum als auch dem Christentum zugrunde. Als die Umwelt weniger feindlich reagierte und als Juden und Christen in Kontakt miteinander kamen, begannen die Juden, die den Nichtjuden und ihrer Lebensweise am meisten ausgesetzt waren, sich nicht nur als Juden, sondern auch als Deutsche, Franzosen oder Europäer, oder einfach nur als aufgeklärte Menschen zu sehen. Die jüdische Identität zog sich auf sich selbst zurück und gab einen Spielraum frei, um neue, von der Außenwelt eindringende Elemente in sich aufzunehmen. Das Ergebnis war ein schärfer werdender Konflikt zwischen den Generationen und innerhalb der Gemeinden. Man stimmte nicht mehr eindeutig überein. Der Übergang von einer Generation zur nächsten vollzog sich nicht mehr mühelos. Und dies war nicht mehr das Werk eines vereinzelten »Ketzers«. Vielmehr war für eine wachsende Zahl junger Juden das Judentum nicht länger ein natürlicher, selbstverständlicher Rahmen ihres Lebens. Im gleichen Maße, wie die Aufklärung sich einer Schicht der Juden nach der anderen und einer Gemeinde nach der anderen bemächtigte, wurde die jüdische Identität problematisch. Welche Elemente des Selbst blieben noch jüdisch? War man grundsätzlich ein Jude und erst dann ein Europäer, oder umgekehrt? Identitätskrisen wurden ein häufig auftretendes Merkmal bei der Übermittlung des Judentums von einer Generation zur nächsten. Wo immer die Aufklärung eindrang, schuf sie Verunsicherung und, besonders für Intellektuelle, das Bedürfnis, den eigenen Standort neu zu bestimmen.

Die neuen Identifikationen stellten einige der alten in Frage. Bei Moses Mendelssohn, dem es gelang, zugleich als traditioneller Jude und als ein Mann der europäischen Aufklärung zu leben, stieß dieser Teil seiner Identität manchmal mit der früheren zusammen. Als rationaler Mensch konnte er nicht glauben, daß Dämonen die Leichen der Juden vor dem Begräbnis überfielen; als Europäer hielt er nichts von der jüdischen Kleidung, und als Germanophile sah er in der jiddischen Sprache einen verderblichen Einfluß. Meistens aber löste er das Problem eines möglichen Konflikts, indem er seine jüdische Identität abkapselte, verengte und sie dabei grundsätzlich unversehrt ließ. Sein Judentum wurde zu einer privaten Angelegenheit des eigenen Gewissens. Im Unterschied zu den sefardischen Autoritäten in Amsterdam pflegte er seine Überzeugungen niemandem aufzuzwingen. Weder Kirche noch Staat, glaubte er, sollten in religiösen Angelegenheiten einen Druck ausüben. Er persönlich konnte friedlich in zwei Sphären leben, denn Judentum und Vernunft, Judentum und europäische Kultur widersprachen einander nicht. Seine Religion, so wie er sie interpretierte, besaß keine übernatürlichen

Dogmen, und sie war vollkommen tolerant gegenüber den verschiedensten Glaubensgemeinschaften. Was die Juden absonderte – und ihre besondere Identität ausmachte –, war für Mendelssohn in erster Linie das Gesetz, das Gott ihnen am Sinai offenbart hatte. Es beherrschte ihr Handeln, aber nicht ihr Denken.

Doch obwohl, im Unterschied zum Gesetz, die rationale Religion nicht nur für die Juden bestimmt war, hielt Mendelssohn es für ein besonderes Vermächtnis des Judentums, daß Juden sie verbreitet hatten, und daß es zur jüdischen Berufung gehöre, sie weiterhin zu verbreiten. Die Juden seien von der Vorsehung auserwählt, eine »priesterliche Nation« zu sein, die »immer auf gesunde unverfälschte Begriffe von Gott und seinen Eigenschaften hinweise, solche unter Nationen, gleichsam durch ihr bloßes Dasein, unaufhörlich lehre, rufe, predige und zu erhalten suche«.[13] So stellte Mendelssohn die Idee der »Mission Israels« dar, die zu einem der stärksten Elemente der modernen jüdischen Identität in ihrer im wesentlichen religiösen Form wurde. Das Judentum war die Aufklärungsreligion par excellence. Jude zu sein bedeutete somit nicht, die Bruchstücke einer abgenutzten Identität zu bewahren, die in hoffnungslosem Widerspruch zur Aufklärung stand. Ganz im Gegenteil: Die rationale Religion war das Vermächtnis des Judentums, das die Nichtjuden noch nicht gänzlich aufgenommen hatten. Die jüdische Identität blickte nun über ihre Grenzen hinaus: Man war Jude, weil man eine Mission für die Nichtjuden hatte, eine Mission, die nicht nur im Einklang mit der Moderne stand, sondern die auch helfen konnte, sie zu gestalten.

Mendelssohn und seine Nachfolger definierten die jüdische Identität hauptsächlich in religiösen Begriffen. Jude zu sein bedeutete von nun an, zu einer religiösen Konfession zu gehören, die mehr oder weniger den christlichen Konfessionen gleichzusetzen war. Die jüdische Identität drückte sich im Bekenntnis eines Glaubens und der Ausübung von Ritualen aus. Die Basis der jüdischen Kontinuität war die Gemeinschaft des Glaubens. Für den modernen Orthodoxen war die jüdische Religion ewig und konnte daher leicht als Vehikel jüdischer Identität von Generation zu Generation dienen. Doch für religiöse Reformer war die Situation weit schwieriger, wenn sie die ethnische Seite dieser Kontinuität geringer bewerteten, denn in ihrer Auffassung hatte die jüdische Religion sich in der Vergangenheit verändert und würde sich weiterhin verändern. Abgesehen von seinem universalistischen Credo eines ethischen Monotheismus bot das liberale Judentum keine permanente Verankerung, die der jüdischen Identität Halt bieten konnte. Seine Verfechter sahen gezwungenermaßen das Element der Absonderung im jüdischen Selbstbewußtsein als etwas, das sich mit der jüdischen Religion zusammen entwickelt.

Mendelssohn diente der modernen jüdischen Orthodoxie als Musterbeispiel jüdischer Identität. Wie Mendelssohn war Samson Raphael Hirsch, der Gründer der Neo-Orthodoxie im Deutschland des neunzehnten Jahrhunderts, ein Mann der europäischen Kultur und weitreichender Identifikationen. Für Generationen moderner orthodoxer Juden in Deutschland und anderen Ländern neutralisierten Hirschs Schriften erfolgreich die der Aufklärung innewohnenden Gefahren mit der Behauptung, daß jüdische Religion und zeitgenössische Kultur abgegrenzt nebeneinander existieren könnten. Es war nur notwendig, bei jeder Frage eines theologischen Konflikts auf dem Vorrang der Offenbarung zu bestehen. Hirsch befolgte wie Mendelssohn das Gesetz und predigte den Juden ihre Mission, den Nichtjuden die religiöse Wahrheit zu vermitteln. Doch andere moderne religiöse Juden wichen von der Orthodoxie ab und traten damit aus Mendelssohns Schatten heraus. Nach ihrer Ansicht höhlte ein kritisches historisches Denken den Glauben an das geschriebene und mündlich übermittelte Gesetz aus, das Moses am Sinai offenbart worden war. Konservative Geister, wie Zacharias Frankel, vermochten historische Kritik mit Offenbarung in Einklang zu bringen, indem sie die rabbinische Literatur historisierten und zugleich die schriftliche Tora als das direkt offenbarte Wort Gottes unberührt ließen. Soweit uns bekannt ist, geriet Frankels Seelenfrieden niemals durch einen Zwiespalt der Erkenntnis aus dem Gleichgewicht. Er war imstande, sich selbst und seine Generation als ein Glied in der Kette der halachischen Entwicklung zu sehen. Für Abraham Geiger war die Entwicklung zum religiösen Reformer mit einer schweren Identitätskrise verbunden. Aus einem orthodoxen Elternhaus kam er in eine deutsche Universitätsstadt, die die Traditionen, in denen er aufgewachsen war, in Frage stellte. Geiger führte fortan einen langen und schmerzlichen Kampf um eine jüdische Identität, die mit den Methoden und Ergebnissen historischer Wissenschaft vereinbar war, denen er sich verpflichtet fühlte. Gelehrsamkeit erforderte kritische Distanz, das Judentum von außen zu betrachten. Doch Jude und, wie Geiger, Rabbiner zu sein, verlangte die völlige innere Identifikation mit der jüdischen Erfahrungswelt. Schließlich war Geiger imstande, beide Rollen in seinem Leben in Übereinstimmung zu bringen und sich für eine Form des Judentums einzusetzen, in der der Glauben der Wissenschaft keine Grenzen setzte.[14]

Andere Juden, besonders nach Geigers Zeit, gaben die religiöse Seite der jüdischen Identität zugunsten der wissenschaftlichen Ideale völlig auf. Gelehrsamkeit, die bei den Juden immer hochgeschätzt wurde, solange sie traditionell auf religiöse Texte bezogen war, wurde ein unabhängiges Charakteristikum der jüdischen Identität. Es blieb für die Juden weiterhin erstrebenswert zu studieren, auch wenn die Methode des Studiums kritisch war und nun nur dazu diente, den eigenen Scharfsinn zu erproben oder ein gelehrtes Werk zu schreiben, anstatt Gottes Willen zu erkennen.[15] Und schließlich wurde Gelehrsamkeit, ganz unabhängig von ihrem Inhalt, eine jüdische Eigenschaft. Für viele Juden wurde das ernsthafte Studium jedes würdigen Fachgebiets ein Ausdruck ihres Judentums.

Doch nicht nur intellektuelle Herausforderungen waren der hergebrachten jüdischen Identität gefährlich. Eine wachsende Anzahl junger Menschen fühlte sich den anderen Juden nicht weniger entfremdet als der jüdischen Tradition. Die Aufklärung machte nicht nur den Glauben und die Gebräuche ihrer Vorfahren für sie unannehmbar, sie entfernte sie auch von ihren Eltern und Verwandten. So verringerte sich ihr Gefühl der Zusammengehörigkeit mit dem jüdischen Volk als ganzem, in dem die meisten noch unaufgeklärt geblieben waren. In den Schriften aufgeklärter deutscher Juden um die Wende des neunzehnten Jahrhunderts findet man zumindest drei Beispiele, in denen ein Autor die Juden seiner Zeit in einem sorgfältig ausgearbeiteten System nach dem Grad ihrer Aufgeklärtheit einstufte.[16] Jeder dieser Autoren identifiziert sich selbst mit der kleinen Gruppe, die er als wahrhaft aufgeklärt betrachtet. Die übrigen Juden, die am Aberglauben festhalten oder – äußerstenfalls – das Judentum zugunsten des Freidenkertums aufgeben, sind nicht der Gegenstand der Identifikation. Die Spannweite jüdischer gesellschaftlicher Identität verengt sich, sobald wachsende Differenzen unter den Juden die vollkommene Identifikation nur mit einer kleineren Gruppe innerhalb der jüdischen Gemeinde ermöglichen. Für die aufgeklärten Juden sind es die ebenfalls Aufgeklärten, für die Traditionalisten sind es diejenigen, die sich gemeinsam mit ihnen gegen das Eindringen fremder Werte wehren.

Diese Differenzierung machte es erforderlich, neue Bezeichnungen zu finden. Aufgeklärte Juden, die sich von rabbinischen Gesetzen und Bräuchen emanzipiert hatten und die textliche Grundlage für ihre Identität auf die Bibel beschränkten, nannten sich etwa *Mosaisten*. Ein breites Spektrum von Juden, einschließlich der modernen Orthodoxen, beschlossen, sich nicht Juden zu nennen – nicht allein, weil der Begriff von Nichtjuden in verächtlichem Sinne gebraucht wurde, sondern auch weil er mit ihrer Absonderung in der modernen Welt verbunden war. Sie nannten sich statt dessen *Israeliten* oder *Hebräer*, Begriffe, die in den Namen reformierter wie orthodoxer jüdischer Zeitungen in verschiedenen Ländern wiederkehrten. Um sich von den Reformern zu unterscheiden, verlangten auch traditionelle Juden einen spezifischeren und besser klingenden Namen als Orthodoxie. Sie wählten *Tora-treu*, womit die Treue zu der vollen, zweifachen Offenbarung des geschriebenen und mündlich überlieferten Gesetzes gemeint war.

Außer mit dem Elternhaus identifizierte sich das Kind vielfältig mit der Schule und bildete so eine persönliche Identität. Es war kein Wunder, daß Erziehung von Anfang an ein Hauptanliegen der Maskilim, der jüdischen Aufklärer, war. Indem sie den Lehrplan der jüdischen Schule änderten und sowohl weltliche wie jüdische Studien darin aufnahmen, vermittelten sie Werte, die außerhalb des Judentums lagen. Und indem sie den Schülern Lehrer gaben, die mit einem Fuß in der jüdischen Gemeinde und mit dem anderen in der nichtjüdischen Welt standen, gaben die Erzieher ihnen persönliche Vorbilder, die sich sehr von dem Typus des Melamed, des konventionellen Lehrers kleiner Kinder, unterschieden. Das Nebeneinander des traditionellen Elternhauses und der modernen Schulerziehung führte zu Identitätskonflikten, die nicht leicht zu lösen waren. Erst nachdem auch jüdische Elternhäuser begannen, die nichtjüdische Kultur aufzunehmen, war diese Spaltung zwischen Eltern und Kindern, die für die erste Generation der Aufklärung – wann und wo auch immer die Aufklärung sich zuerst Eingang verschaffte – charakteristisch war, nicht mehr so schwerwiegend.

31

Doch die gefährlichste Waffe, die die europäische Kultur gegen die jüdische Tradition einsetzte, war nicht die wissenschaftliche Wahrheit, sondern das Schöne. Mendelssohn selbst hatte ein Interesse an Ästhetik gezeigt. Seine Nachfolger führten es weiter, indem sie etwa die Bibel nicht mehr als einen ausschließlich religiösen Text, sondern als ein Werk von außerordentlicher literarischer Qualität studierten. Zwar fehlte zu keiner Zeit in der jüdischen Geschichte ein Sinn für das Schöne, besonders, wenn es mit einem religiösen Zweck verbunden war, doch die Verehrung des Schönen war griechischen, nicht jüdischen Ursprungs. Als die Aufklärung den Juden ein ästhetisches Bewußtsein vermittelte, fühlten sie sich oft gedrängt, zwischen Hellenismus und dem strengen Moralismus der jüdischen Tradition zu wählen. Der Dichter Heinrich Heine empfand diesen Konflikt intensiv, und für den größten Teil seines Lebens zog er die schönen Gestalten Griechenlands den strengen Patriarchen des alten Israel vor. Ähnlich fühlten sich spätere Generationen osteuropäischer Juden zu dem fremden Ideal des Schönen hingezogen. Der hebräische Dichter Chajim Nachman Bialik beschrieb die tödliche Anziehungskraft der natürlichen Schönheit auf den Schüler der Jeschiwa; der Dichter Saul Tschernichowski verehrte in seiner Phantasie die Statue des Apollo, des griechischen Gottes männliche Schönheit. Auch wenn weltliche jüdische Dichter und Künstler, wie die jüdischen Rationalisten, Vorläufer für ihre künstlerischen Werke in der jüdischen Vergangenheit finden konnten, war es viel schwieriger für sie, den Konflikt mit einer Tradition zu überwinden, die gegenüber einer Kunst um ihrer selbst willen zutiefst mißtrauisch war, und ästhetische Werte in die jüdische Identität zu integrieren.

Nicht immer wurde die Aufklärung von modernen Juden freiwillig akzeptiert. Manchmal wurde sie ihnen aufgezwungen. Besonders in deutschen Staaten machten die Regierungen häufig die politische Emanzipation der Juden davon abhängig, daß sie etwas von ihrer freiwilligen Absonderung aufgaben. Sie gewährten Gleichberechtigung nur, wenn die Juden die Sprache des Landes sprachen, einige weltliche Bildung besaßen und sich vollkommen in ihre Umgebung eingliederten. Manche Juden, die selbst aufgeklärt waren, drängten daraufhin ihren Religionsgenossen die Aufklärung auf, indem sie ihnen die Vorteile der politischen Belohnung ausmalten. Doch die Traditionalisten, die eine Assimilation, die auf Aufklärung und politische Integration folgen würde, vermeiden wollten, konnten darin keinen Vorteil sehen. Sie sahen voraus, daß der Patriotismus eine Schwächung der jüdischen Identität, insbesondere ihrer starken messianischen Komponente bedeuten würde. In der Tat identifizierten sich bald viele westliche Juden vor allem mit Staat und Nation. In Deutschland betonte der Titel der 1893 gegründeten großen Vereinigung zum Schutz der verfassungsmäßigen Rechte der Juden »Centralverein deutscher Staatsbürger jüdischen Glaubens« die Verknüpfung von Elementen deutscher und jüdischer Identität.

Selbst im zaristischen Rußland, wo drückende Einschränkungen für die Juden von Zeit zu Zeit gemildert wurden, doch niemals völlig abgeschafft, befürworteten einige Maskilim die Identifikation mit dem russischen Volk und seinen Herrschern. Sie griffen nach Strohhalmen und drängten ihre jüdischen Glaubensgenossen, an die guten Absichten des Regimes und die Bereitwilligkeit der nichtjüdischen Russen zu glauben, die Juden als ihre Brüder zu betrachten. Doch die tatsächliche Ablehnung, die immer wieder solche Illusionen zunichte machte, hinderte die osteuropäischen Juden daran, sich jemals wirklich Russen, Polen oder Ukrainer nennen zu können.

So war die russische Haskala mehr nach innen gerichtet als ihre deutsche Vorläuferin. Anstatt das Judentum eng in religiösen Begriffen zu definieren, um Platz für andere Identifikationen zu schaffen, suchte sie die äußere Welt in eine erweiterte jüdische Sphäre zu bringen. Doch diese erweiterte jüdische Sphäre mußte anders aussehen. In einer der frühesten programmatischen Äußerungen der russischen Haskala, *Te' uda be-Jisrael*, (Eine Mission in Israel),[17] schlug Isaak Bär Levinsohn vor, in jüdischen Schulen die Wissenschaften und Sprachen des Landes, in dem die Juden lebten, und zugleich hebräische Grammatik zu unterrichten. Nur die wenigen, die zu Rabbinern ausgebildet wurden, sollten den Talmud studieren. Levinsohn meinte, der so erzogene neue Jude würde keinen scharfen Bruch mit der Vergangenheit, sondern nur bereits vorhandene Traditionen verkörpern, die besonders unter den Sefardim herrschten. Die Philosophen des Mittelalters, Saadia und Maimonides zum Beispiel, waren Vorbilder des Rationalismus, den Levinsohn befürwortete. So sei die Aufklärung keine Abwendung vom Judentum, sondern nichts anderes als ein Ersatz aus dessen eigener Vergangenheit für die in ihm gegenwärtig herrschenden Werte. Indem sie außerdem das Hebräische beibehielten, suchten die gemäßigteren osteuropäischen Maskilim eine ethnische Bindung zu bewahren, die sich im Westen schnell auflöste. Levinsohn und spätere Autoren waren sich der Bedeutung des Hebräischen ganz als etwas bewußt, das alle Juden vereinigte. Im Unterschied zu den jüdischen religiösen Reformern in Deutschland behielten sie das Hebräische im Gottesdienst bei. Auch imitierten sie nicht die christlichen Gebräuche – zum Teil deshalb, weil die Russisch-Orthodoxe Kirche, im Unterschied zum Protestantismus in Deutschland, kein Vorbild für eine religiöse Modernisierung bieten konnte. Die russischen Maskilim prangerten nur mit bitterem Sarkasmus die extreme Starre an, mit der man das jüdische Gesetz anwandte, und die Engstirnigkeit einer religiösen Führungsschicht, die jegliche säkulare Gelehrsamkeit verurteilte. Ihr Ideal war *dat im da'at*, Religion und (weltliches) Wissen innerhalb der jüdischen Welt zu vereinen.

Doch auch in Osteuropa brachte die Aufklärung Zerstörung mit sich, denn das säkulare Wissen erweiterte nicht nur den intellektuellen Horizont, es eröffnete auch neue Perspektiven, in deren Licht der Glaube, zu dem man sich als Jude bekannte, und die Bräuche, die man befolgte, irrational und häßlich aussahen. Das Ergebnis war ein schrittweiser Prozeß, in dem die Heiligtümer des Judentums entheiligt und schließlich abgelehnt wurden. Das Rollenmodell für den jüdischen Jungen war der *Talmid Chacham* gewesen, der Gelehrte heiliger Schriften, für das Mädchen die *Eshet Chayil*, die treue Frau und Mutter. Die Aufklärung führte neue Vorbilder ein: Für die Männer war es besonders der Arzt, später auch der Industrielle; für einige jüdische Frauen die Apothekerin. Das Studium des Talmud wurde nicht nur aus dem Lehrplan entfernt, man machte sich auch lustig über die Art und Weise, wie es gelehrt wurde. Das rationalistische Skalpell schnitt zunächst nur den Aberglauben weg: den Glauben an Dämonen und den Gebrauch von Amuletten. Doch als der Schnitt einmal angesetzt war, war das Messer nicht mehr aufzuhalten. Rabbinische Legenden, die rabbinischen Gesetze und schließlich biblische Gesetze wurden eines nach dem anderen beiseite geschoben. Als der traditionelle Glaube abnahm, wurden die Bräuche, die er auferlegte, vernachlässigt. Als die Haskala an Radikalität gewann, gaben ihre Anhänger nicht nur die Bekleidung auf, die sie als Juden kenntlich machte, sondern auch die Phylakterien (Tefillin), die strenge Befolgung des Sabbat und schließlich die Speisegesetze (Kaschrut). Religiöse Gleichgültigkeit scheint sich bei den Männern schneller verbreitet zu haben als bei den Frauen: Sie bewahrten die Traditionen innerhalb des mehr von jüdischer Atmosphäre erfüllten Hauses, in dem sie den größeren Teil ihres Alltagslebens verbrachten. Die Männer besuchten die Synagoge immer seltener, sie diente ihnen nicht länger als eine Quelle für Nachrichten über die größere Welt außerhalb der jüdischen Gemeinde. Anstelle der Gespräche über weltliche Angelegenheiten (*Schmus*), die dort wochentags geführt und durch jüdische Interessen gefiltert wurden, lieferten nun nichtjüdische Zeitungen mit ihren eigenen Ansichten die Informationen zum Zeitgeschehen.

Vielleicht war die größte Schwäche der russischen Haskala ihre innere Unbeständigkeit. Für viele Maskilim war die Haskala nicht ein Endziel, sondern nur eine Station auf einer immerwährenden Odyssee. Sie unterminierte die alte Lebensweise, ohne eine befriedigende neue an ihre Stelle zu setzen. J. L. Gordon, einer der prominentesten russischen Maskilim, kam zu der traurigen Erkenntnis, daß die Haskala die Ideologie einer einzigen Generation war.[18] Die Kinder der Maskilim gingen weiter und ließen das jüdische Erbe vollkommen hinter sich. Sie waren keine Gläubigen mehr, ersetzten Hebräisch durch Russisch, und ihre jüdische Identität verkümmerte. In ihren Memoiren drückte Pauline Wengeroff treffend den Übergangscharakter der mittleren Generation aus. Sie zitierte die Vorahnungen ihrer Mutter, die zu sagen pflegte: »Zwei Dinge kann ich gewiß sagen: Ich und meine Generation werden gewiß als Juden leben und sterben; unsere Enkel werden gewiß nicht als Juden leben und sterben. Nur was aus unseren Kindern wird, kann ich nicht erraten«.[19]

Was geschah mit jener dritten Generation, die über das aufklärende Ziel der Haskala innerhalb der jüdischen Sphäre hinausging? Jene russischen und polnischen Juden, die am meisten auf ihre Karriere bedacht waren, traten oft zum Christentum über, wie es ihre ähnlich motivierten Glaubensgenossen im Westen bereits früher getan hatten. Einige fühlten sich zu fremden Ideologien hingezogen. Sie wurden Positivisten, setzten eine universale, antimetaphysische und praktisch orientierte Philosophie nicht nur anstelle der Religion, sondern auch einer literarischen Kultur. Oder sie wandten sich dem Sozialismus zu, in dem sie ein Anliegen fanden, das dieselbe Hingabe forderte, wie es das traditionelle Judentum den vormodernen Generationen abverlangt hatte. Nur die fortgesetzte Verfolgung der Juden konnte gelegentlich die verkümmerten Sympathien bei jüdischen Radikalen wie den Menschewikführern Pawel Axelrod und Julius Martow wiedererwecken.[20]

Die radikalsten unter den jüdischen Sozialisten betrachteten den Sozialismus als eine Identität, die nicht mit dem Judentum in Einklang gebracht werden konnte. Entweder man identifizierte sich mit dem jüdischen Volk und seiner Religion oder mit dem internationalen Proletariat und seiner Ablehnung aller Religionen als einem Schleier, der den privilegierten Status der Reichen maskierte. Solche jüdischen Sozialisten lehnten ihre jüdische Herkunft ab oder betrachteten sie als unwichtig. Einige waren sogar bereit, die negativen jüdischen Stereotypen zu akzeptieren, die von ihren sozialistischen Genossen propagiert wurden. Rosa Luxemburg identifizierte sich weder mit den Juden noch kümmerte sie sich um die Verfolgungen, denen ihre jüdischen Glaubensgenossen ausgesetzt waren. Sie war eine konsequente und kompromißlose Internationalistin. Leo Trotzki verweigerte ebenfalls die jüdische Loyalität, obwohl er zumindest anerkannte, wie schutzlos die Juden ihren Feinden ausgeliefert waren. Vielleicht waren in der Ablehnung ihrer jüdischen Identität die jüdischen *Narodniki* am radikalsten, die sich auf romantische Weise mit dem Anliegen der Massen der russischen Bauern solidarisierten. Im Unterschied zu den jüdischen Marxisten verwarfen sie nicht ihre besondere jüdische Identität zugunsten einer universalen, die alle anderen in sich einschloß und über sie hinausging. Sie sahen sich als etwas, was sie offensichtlich nicht waren: auf gleicher Stufe mit den einfachen russisch-orthodoxen Bauern. Manchmal entdeckten sie voll Entsetzen, daß die Bauern, denen sie zu helfen suchten, sie – im negativen Sinne – als Juden betrachteten, obwohl sie doch ihrer jüdischen Identität abgeschworen hatten. Später, während der ersten Jahre der Sowjetunion, hatten die jüdischen Sektionen der Kommunistischen Partei wenig Erfolg in ihrem Bestreben, die jüdische Identität in eine religionslose, jiddische Form der proletarischen Kultur zu verwandeln. Die bolschewistische Führungsschicht blieb grundsätzlich verständnislos für jede Form des jüdischen Separatismus, und nur wenige russische Juden konnten sich für ein Judentum begeistern, dessen Inhalt weitgehend zu den traditionellen jüdischen Wertvorstellungen im Widerspruch stand.[21]

Auch in den Vereinigten Staaten drängte der aufklärerische Universalismus und Rationalismus viele Juden bis an den Rand der jüdischen Identität, manche von ihnen darüber hinaus. Im späten neunzehnten Jahrhundert trat die amerikanische Reformbewegung in ihre »klassische« Phase. Die Überzeugung, daß die fortschrittliche Religion sich auf Ethik und nicht auf symbolische Handlungen gründete, ließ die Menschen in den Reformsynagogen und den Haushalten das Ritual immer weniger befolgen. Eigene Rituale, die die jüdische Identität besonders bekräftigten, wie etwa das Blasen des Widderhorns am Neujahrstag, der Bau von Hütten am Laubhüttenfest und das Einhalten ritueller Speisevorschriften, wurden fast gänzlich aufgegeben. Im Sinne des klassischen Reformjudentums war ein Jude Anhänger eines ethischen Monotheismus, eines Glaubens, der von den hebräischen Propheten herrührte, der aber nicht ausschließlich für Juden galt. Jüdische Identität bedeutete, einer Gemeinde anzugehören, die dem universalistischen Ideal eines einzigen, von einer geeinten Menschheit verehrten Gottes anhing. Man blieb Jude, um dieses Ideal zu verkünden.

Doch brauchte man eine besondere Identität, um das universale Ziel zu erreichen? Felix Adler, der Sohn eines Re- formrabbiners, war nicht der Ansicht. 1876 gründete er die »New York Society for Ethical Culture«, der sich alsbald Hunderte von Juden am Rande der jüdischen Gemeinde an- schlossen. Adler folgte einfach dem Anstoß der Aufklärung zu etwas, das er für ihre logische Folge hielt. Sein Bekenntnis zur Vernunft führte ihn zu einem Kantianismus, der keinen Raum für einen persönlichen Gott freiließ, sondern nur für eine unpersönliche moralische Kraft. Aus seiner universalisti- schen Sicht kritisierte er das Festhalten des Reformjudentums an einer Mission Israels als eine Form von Chauvinismus, den er für nicht besser hielt als die alte Idee vom auserwählten Volk. Das hieß jedoch nicht, daß Adler seine jüdische Identi- tät verleugnete. Er war stolz auf seine Ahnen, doch für ihn persönlich bedeuteten sie nichts weiter als seine Herkunft. Er identifizierte sich wie die jüdischen Sozialisten in Europa mit der ganzen Menschheit, nicht besonders mit den Juden. In der Gegenwart war das Judentum ein Überbleibsel, keine trei- bende Kraft mehr; es war unvermeidlich, daß es seine Beson- derheit in der Masse von Menschen verlieren würde. Er glaubte, daß die Zukunft einer eklektischen Religion jenseits aller religiösen Spaltungen gehören würde. Dies galt für das Christentum und andere Glaubensrichtungen nicht weniger als für das Judentum. Und es gab keinen zwingenden Grund, diese Zukunft aufzuhalten. Mischehen, wie die seiner eigenen Kinder, wiesen in diese Richtung.[22]

So manifestierte sich die Aufklärung als eine Kraft, die die Juden immer weiter von ihrer jüdischen Identität entfernte. Sie führte über den Bereich hinaus, in dem man Jude und gleichzeitig auch etwas anderes sein konnte (Europäer, Deut- scher, Kantianer, Sozialist), bis zu jener Grenze, an der jüdi- sche Identität verkümmerte oder völlig verschwand. Doch an diesen Grenzen kamen Gegenkräfte auf, die manchmal den Verlauf rückgängig machten. In den folgenden Vorträgen werden wir die beiden wichtigsten dieser Kräfte analysieren: den Antisemitismus und den jüdischen Nationalismus. Doch spielte auch die jüdische Religion oft eine große Rolle in solchen Prozessen der Neuorientierung. Im Laufe der letzten beiden Generationen versuchte die amerikanische Reformbewegung die religiösen Traditionen, die sie früher als primitiv oder dem Westen unangemessen abgelehnt hatte, wieder aufzunehmen. Zumindest teilweise entstand diese Gegenströmung im Reformjudentum aus dem Bewußtsein, daß durch ein völliges Akzeptieren der Aufklärung das spezifisch Jüdische so weit verdrängt würde, daß den kommenden Generationen kaum noch etwas davon vermittelt werden könnte. Ähnlich haben vereinzelte Juden, die sich am weitesten vom Judentum entfernt zu haben schienen, sich der religiösen Orthodoxie angeschlossen und wandten sich manchmal nachdrücklich von der Aufklärung ab. Diese *ba'ale tschuwa* (die zum orthodoxen Glauben Zurückgekehrten) wurden in Israel und in den Vereinigten Staaten ein immer häufiger anzutreffendes Phänomen.[23] Nicht immer jedoch läßt sich leicht von diesen Grenzen zurückkehren. Die Geschichte zweier prominenter Persönlichkeiten soll diese Schwierigkeit veranschaulichen.

Die bürgerlichen Eltern von Wladimir Medem, der 1879 in Minsk geboren war, betrachteten ihre jüdische Herkunft als ein Unglück. Sie versuchten, so gut sie konnten, dieses angeborene Stigma, dessen sie sich sehr schämten, zu verbergen. Nach seiner Geburt wurde Wladimir russisch-orthodox getauft. Seine Eltern konvertierten später vom Judentum – allerdings zur lutherischen Kirche. Doch die Bekannten der Familie blieben weiterhin Juden oder »Ex-Juden«, wie es oft unter konvertierten Juden der Fall war. Wladimirs beste Freunde in der Schule waren unweigerlich jüdische Schüler, die einander mehr aus einer gefühlsmäßigen Affinität heraus fanden als aufgrund des Antisemitismus, von dem sie anscheinend sehr wenig in der Schule verspürten. Als er Student an der Universität von Kiew wurde, beneidete Medem die jüdischen Studenten, die sich einer Gruppe zugehörig fühlten. Sie hatten ein »Zuhause«, das ihm fehlte. Bald fühlte er, was er später als »Heimweh« oder »Nostalgie« nach dem Judentum bezeichnete. Er begann eine Odyssee vom Rand zurück zum Mittelpunkt. Diese Bewegung vollzog sich nicht durch einen plötzlichen Sprung, sondern allmählich, schrittweise, fast unbewußt. »Ich kann nur die beiden Pole ausmachen«, schrieb er, »meine Kindheit, als ich mich für einen Russen hielt, und die spätere Periode, die Zeit des Erwachsenseins, als ich mich als Juden betrachtete. Beide Endpunkte umschlossen eine ganze Reihe von Jahren, in denen ich mich langsam, unmerklich veränderte.«[24] Medem erklärte seine Nationalität als jüdisch und begann Jiddisch zu lernen. Er wurde einer der führenden Intellektuellen des »Bund«, des sozialistischen Vereins jüdischer Arbeiter. Im Unterschied zu Luxemburg und Trotzki fühlte sich Medem den andern Juden besonders verbunden, was ihn dazu führte, sich stark mit dem Los der jüdischen Arbeiter zu identifizieren und für ihre Ziele zu arbeiten. Doch Medem – und der »Bund« im allgemeinen – blieben mehr universal als speziell in ihrer Orientierung. Und seine jüdischen Gefühle standen immer in Spannung zu seiner Hingabe an die größeren Ziele und Strategien der sozialistischen Revolution.

Im Unterschied zu Medems Familie suchte die Familie Franz Kafkas nicht der Last des Judentums durch Konversion zu entkommen. Sie lebten in gesicherten Verhältnissen in Prag. Wie viele deutschsprechende Juden dort brachten sie ihr Judentum durch gelegentliche, halbherzige Besuche in der Synagoge zum Ausdruck. Diese schwächer gewordene jüdische Identität übertrug sich nicht vom Vater auf den Sohn. Der junge Kafka, der seinem Vater vieles übelnahm, warf ihm auch vor, daß er ein religiöses Vermächtnis weitergab, das er seinerseits nur heuchlerisch befolgte: »Wie man mit diesem Material etwas Besseres tun könnte, als es möglichst schnell loszuwerden, verstand ich nicht; gerade dieses Loswerden schien mir die pietätvollste Handlung zu sein.«[25] Kafkas Odyssee, die ihn schließlich zu einer viel intensiveren jüdischen Identität als der seiner Eltern führte, begann also mit Ablehnung. Um ein Jude zu werden, der sich identifizierte, war Kafka gezwungen, diesen Bereich für sich selbst zurückzugewinnen. Sein positives Verhältnis zum Judentum kam nach seiner Jugendzeit von außerhalb seines Elternhauses. In gewisser Hinsicht war das Gewinnen einer sinnvollen jüdischen Identität eine Rebellion gegen seine elterliche Erziehung.[26]

Kafka fand seinen Weg zum Judentum, indem er sich mit den Juden identifizierte, die seine Familie und deren Freunde am wenigsten bewunderten: den *Ostjuden*, den Juden aus Osteuropa. Er freundete sich im Café Savoy eng mit einer Gruppe jiddischer Schauspieler an und hielt einmal einen Einführungsvortrag zu einer Lesung jiddischer Literatur. Er war Gast im Haus eines chassidischen Rabbiners. Unter diesen Osteuropäern fand er eine Spontaneität und Echtheit, die den deutschen Juden abging. Er schloß sich auch einem Kreis zionistischer Intellektueller an, unter deren Einfluß er selbst Zionist wurde und Hebräisch lernte. Doch wie Medem blieb Kafka in gewisser Weise ein Außenseiter unter seinen jüdischen Freunden. An einer Stelle in seinem Tagebuch fragte er sich, ob er wirklich etwas mit ihnen gemein hatte. Interpreten von Kafkas Romanen behaupten, daß seine einsamen Hauptfiguren die Situation des wurzellosen Juden in der modernen Welt widerspiegeln. Doch Kafka bezeichnet sie nicht ausdrücklich als Juden. Denn an seinen Charakteren ist bemerkenswert, daß sie die universale Bürde des modernen Menschen tragen. Diese Bürde der existentiellen Einsamkeit trennt den einzelnen von allen kollektiven Identitäten. Selbst als er Jude wurde, blieb Kafka ein Außenseiter.

Die Beispiele Medems und Kafkas, denen sich leicht weitere hinzufügen ließen, zeigen, wie eine individuelle Motivation dazu führen konnte, die jüdische Identität, wenn auch in einer neuen und individuellen Form, wiederzugewinnen, deren Überlieferung von einer Generation auf die nächste entweder abgebrochen oder beeinträchtigt worden war. Doch sie veranschaulichen auch den fortwirkenden Einfluß der Aufklärung auf alle, die sich nicht vor ihr in ein intellektuelles Getto oder ein ideologisches Extrem zurückziehen. Ihre Wirkung mochte ein gesteigertes Gefühl für die menschliche Solidarität sein, wie im Falle Medems, oder das allen gemeinsame Los der Vereinsamung des einzelnen, wie es Kafka erfuhr. Doch die Aufklärung ist eine weiterwirkende Kraft, die die Juden immer wieder dazu führt, über ihr Judentum hinauszublicken, auch wenn sie versuchen, sie neben oder innerhalb ihrer besonderen Identität als Juden anzunehmen.

Anmerkungen

1 Siehe besonders Jacob Katz, *Exclusiveness and Tolerance*, New York 1961.

2 Der einflußreichste jüdische Rechtsgelehrte, Moses Maimonides, schrieb: »Es ist verboten, sie zu loben oder auch nur zu sagen: Wie schön sieht dieser Götzendiener aus. Um so mehr (ist es verboten) sich lobend über seine Taten zu äußern oder sich seine Worte zu Herzen zu nehmen ... denn dies führt dazu, ihm zugetan zu sein und von seinen bösen Taten zu lernen« (*Mischne Tora*, Hilchot awodat kochavim [*Gesetze in Bezug auf Götzendienst*], 10:4). Daß die Kategorie des Götzendienstes sich auch auf Christen (aber nicht auf Moslems) bezog, ergibt sich aus ebd. 9:4.

3 Siehe z. B. die Hinweise auf Christliches in den Hebräischen Kreuzzugschroniken. Die hebräischen Originaltexte mit deutscher Übersetzung befinden sich in: Adolf Neubauer und Moritz Stern (Hg.), *Hebräische Berichte über die Judenverfolgungen während der Kreuzzüge*, Berlin 1892.

4 Haym Soloveitchik, »Three Themes in the *Sefer Hasidim*«, in: *Association for Jewish Studies Review* 1, 1976, S. 311-357.

5 Es ist wichtig, hier zwischen Idee und Identität zu unterscheiden. Selbst die chassidische Gemeinde war nicht hermetisch von der intellektuellen Welt des zeitgenössischen Christentums abgeschlossen. Religiöse Ideen drangen von der Außenwelt in die jüdischen Gemeinden des Mittelalters ein und schufen in manchen Fällen parallele Phänomene. Doch Lehren oder religiöse Bräuche anzunehmen, die ihren Ursprung außerhalb der jüdischen Gemeinde hatten, bedeutete nicht unbedingt, daß man sich mit ihrer Quelle identifizierte.

6 Schneur Zalman aus Liadi, *Liqqutei amarim – Tanya* (Gesammelte Lehren), übers. ins Englische von Nissan Mindel, Brooklyn 1962, S. 22-24.

7 Für eine gekürzte englische Übersetzung von Sofers Testament siehe W. Gunther Plaut (Hg.) *The Rise of Reform Judaism*, New York 1963, S. 256f.

8 Ein gutes Beispiel für solchen jüdischen Chauvinismus ist Meir Kahanes Pamphlet mit dem Titel *Numbers 23:9*, Jerusalem 1974.

9 Uriel Acosta, *A Specimen of Human Life*, ins Englische übersetzt von Peter M. Bergman, New York 1967.

10 Peter L. Berger behauptete, daß in der Moderne Häresie das Normale geworden war, seit die »Plausibilitätsstruktur« des traditionellen Glaubens in Frage gestellt worden und die freie Wahl des einzelnen an Stelle des fraglosen Akzeptierens der Gemeindeautorität getreten war. Berger zufolge ist die jüdische Emanzipation »vielleicht das bedeutendste Beispiel in der modernen westlichen Welt« für diesen Vorgang. Siehe sein *The Heretical Imperative*, New York 1979, bes. S. 29f. Der Häretiker ist auch ein Rebell und verkörpert als solcher ein bleibendes Charakteristikum des »Culture Hero« in der westlichen Zivilisation. Siehe O. B. Hardison, *Entering the Maze: Identity and Change in Modern Culture*, New York 1981, S. 52 f. Ein verwandtes Konzept zu dem des Juden als Häretiker ist der Jude als Ausgestoßener, den, wie Hannah Arendt behauptete, jüdische Dichter, Schriftsteller und Künstler zu einem universalen Menschentyp in der modernen Welt entwickelten. Diese Persönlichkeiten waren Außenseiter sowohl im Sinne der jüdischen Gemeinde als auch im Sinne des politischen und kulturellen Konsensus der Staaten, in denen sie lebten. Siehe ihr Buch *The Jew as Pariah: Jewish Identity and Politics in the Modern Age*, New York 1978, S. 67-90

11 Isaac Deutscher, »Der nichtjüdische Jude«, in: I.D., *Die ungelöste Judenfrage. Zur Dialektik von Antisemitismus und Zionismus*, Berlin 1977, S. 7-20, hier S. 8.

12 Natürlich lagen dem auch objektive Ursachen zugrunde. Wenn z. B. die west- und mitteleuropäischen Regierungen, bemüht, ihre politische und ökonomische Kontrolle zu zentralisieren und damit zu stärken, den Juden nicht ihre gesetzliche Autonomie genommen hätten, die sie früher besessen hatten, dann wären beachtliche Schranken gegen die sich von außen anbietenden Identifikationen bestehen geblieben. Doch obwohl diese Zentralisierung die Juden in engere Berührung mit Nichtjuden brachte und die politische Emanzipation sie zu Mitbürgern machte, möchte ich behaupten, daß es vor allem die aus der Philosophie der Aufklärung stammende tolerantere Einstellung war, die die Juden beeinflußte, den Nichtjuden und ihren Ansichten in einer neuen und offeneren Weise zu begegnen.

13 Moses Mendelssohn, Gesammelte Schriften, Stuttgart 1971, Bd. 8, S. 183.

14 Geigers frühe Briefe spiegeln, was Erik Erikson »die Wut« nannte, »die sich immer erhebt, wo Identitätsentwicklung das Versprechen einer traditionell versicherten Ganzheit verliert« und Ängste aufkommen, »verstärkt durch den Verfall der Institutionen, die der historische Anker einer bestehenden Ideologie gewesen sind«. (*International Encyclopedia of the Social Sciences*, New York 1968, Bd. 7, s.u. »Identity, Psychosocial«). Geigers Briefe wurden veröffentlicht in: *Allgemeine Zeitung des Judentums* 60, 1896, S. 52 ff. Ich gab ausführlichere Interpretationen von Hirsch, Frankel und Geiger in meinem Buch *Response to Modernity: A History of the Reform Movement in Judaism*, New York 1988, S. 77-99.

15 Dies galt nicht nur für professionelle jüdische Gelehrte. Pauline Wengeroff, eine Jüdin, die in der zweiten Hälfte des neunzehnten Jahrhunderts in Belorußland lebte, schrieb über ihren nicht mehr religiösen Mann, daß er weiterhin den Talmud studiere, »dieses Talmudstudium verlor aber ganz den früheren religiösen Charakter und wurde bei meinem Manne mehr zum Philosophieren, zu einer kritischen Betrachtung und Prüfung und spielte nicht mehr die Hauptrolle in seinem Leben« (*Memoiren einer Großmutter: Bilder aus der Kulturgeschichte der Juden Rußlands im 19. Jahrhundert*, Berlin 1910, Bd. 2, S. 114).

16 Lazarus Bendavid, *Etwas zur Charackteristick der Juden*, Leipzig 1793, S. 45-53; Aaron Wolfssohn, *Jeschurun, oder unparteyische Beleuchtung der dem Judenthume neuerdings gemachten Vorwürfe*, Breslau 1804, S. 111-116; und (Sabattia Joseph Wolff), »Status causae et controversiae in Sachen der Israeliten in Berlin die deutsche Synagoge betreffend«. Das Manuskript wurde zwischen 1812 und 1823 verfaßt und im *Leo Baeck Institute Year Book* 25, 1980, S. 111-130, veröffentlicht.

17 Isaak Bär Levinsohns *Te'uda be Jisrael* (Eine Mission in Israel) wurde 1823 vollendet, doch erst 1828 veröffentlicht. Ein neuerer Druck mit einer Einführung von I. Etkes, Jerusalem 1977, liegt vor.

18 Manchmal war sie auch nur ein Stadium in einem einzigen Erwachsenenleben. Moses Löb Lilienblum, ein prominenter russisch-jüdischer Schriftsteller, ging nacheinander von der finster-

sten Orthodoxie zur Haskala und zur religiösen Reform über, von dort zum Positivismus und Sozialismus und schließlich zum Zionismus.

19 Wengeroff, *Memoiren einer Großmutter*, Bd. 2, S. 134.

20 Abraham Ascher, *Pavel Axelrod and the Development of Menshevism*, Cambridge 1972, S. 69-78, S. 339 f.; Israel Getzler, *Martov: A Political Biography of a Russian Social Democrat*, Cambridge 1967, S. 27 ff., S. 56-62.

21 Siehe Zvi Y. Gitelman, *Jewish Nationality and Soviet Politics: The Jewish Sections of the CPSU, 1917-1930*, Princeton 1972.

22 Über Adler siehe Benny Kraut, *From Reform Judaism to Ethical Culture: The Religious Evolution of Felix Adler*, Cincinnati 1979.

23 Während der späten siebziger Jahre gab es etwa 1200 *ba'ale tschuwa*, die in Yeshivas in Jerusalem studierten. Die meisten von ihnen kamen aus den Vereinigten Staaten. Siehe Janet Aviad, *Return to Judaism: Religious Renewal in Israel*, Chicago 1983; M. Herbert Danziger, *Returning to Tradition: The Contemporary Revival of Orthodox Judaism*, New Haven 1989.

24 *The Life and Soul of a Legendary Socialist: The Memoirs of Vladimir Medem*, engl. Übers. v. Samuel A. Portnoy, New York 1979, S. 129.

25 Franz Kafka, *Brief an den Vater*, in: Ders., Gesammelte Werke, hg. v. Max Brod, Frankfurt a. M. 1976, 6. Bd., S. 145.

26 Walter Jens, »Ein Jude namens Kafka«, in: Thilo Koch (Hg.), *Porträts deutsch-jüdischer Geistesgeschichte*, Köln 1961, S. 179-203.

Antisemitismus
Die zwiespältige Wirkung von
Ausgrenzung und Verfolgung

Während die Aufklärung die Juden aus ihrem Partikularismus heraus zu Identifikationen führt, die außerhalb der Grenzen des Judentums liegen, hat der Antisemitismus häufig die gegenteilige Wirkung: Die Juden bleiben innerhalb ihrer Kreise oder werden in sie zurückgedrängt.[1] Wie wir sehen werden, ist der Einfluß des Antisemitismus auf einzelne Juden und jüdische Gemeinden zwiespältig und nicht in jedem Fall genau vorauszusehen. Indem er die Juden in den Augen der Nichtjuden – und daher auch in den Augen mancher Juden – herabsetzt, kann der Antisemitismus leichter oder schwerer empfundene Minderwertigkeitsgefühle hervorrufen. Er kann aber auch die gegenteilige Wirkung haben und die jüdische Identität erneut bestätigen. Auf diese Weise leistet der Antisemitismus hin und wieder dem Einfluß der Aufklärung Vorschub, indem er den vermeintlich guten Gründen, das Judentum aufzugeben, negative hinzufügt. Doch er kann als eine Gegenkraft wirken, durch die Juden sich mit anderen jüdischen Opfern der Diskriminierung oder Verfolgung identifizieren. Der Antisemitismus kann in bestimmten historischen Situationen diese doppelte Wirkung haben, indem er die jüdische Identität der einen schwächt und zugleich die der anderen stärkt.

Diese Zwiespältigkeit ist fast ausschließlich ein Produkt der jüdischen Moderne. Bei den Juden vor der Moderne schwächte der Antisemitismus selten die jüdische Identität, er diente eher dazu, sie zu stärken. Man hielt den Antisemitismus für einen Teil des Plans, den Gott für Israel bestimmt hatte. Die Juden waren aufgrund ihrer Sünden aus dem Heiligen Land vertrieben und erwarteten, so lange unter den Taten der Nichtjuden leiden zu müssen, bis der Messias ihrer Not ein Ende bereiten würde. Die Völker der Erde, die sie quälten, waren alle Schauspieler auf der Bühne dieses Dramas, Stellvertreter Gottes im Umgang mit seinem auserwählten Volk.[2] Was die Nichtjuden über die Juden dachten, war nicht ernstlich von Bedeutung, ihre Ansichten konnten den festen Glauben nicht erschüttern, daß die Juden weiterhin das auserwählte Volk wären, theologisch im Mittelpunkt der Weltgeschichte stünden, selbst wenn diese sie umherstieß und sie eher zu Objekten als Subjekten historischer Ereignisse machte. Die Meinung der Nichtjuden über die Juden war natürlich völlig anders. Sie verstanden das Leiden der Juden als gerechte Strafe für ihre Ablehnung Christi, die erst mit der Bekehrung der Juden enden würde. Doch ein Jude konnte diese Ansicht, die in grundsätzlichem Gegensatz zu seiner eigenen stand, nicht teilen, ohne überhaupt aufzuhören, Jude zu sein. Je mehr die Juden verfolgt wurden, um so beharrlicher hielten sie an ihrem Glauben fest. Wenn nötig, würden sie als Märtyrer sterben, um Gottes Namen zu heiligen.

Es gab jedoch Ausnahmefälle. Im mittelalterlichen Spanien waren die Schranken zwischen Juden und Moslems, später zwischen Juden und Christen nicht so unübersteigbar wie im übrigen Europa. Die griechische Philosophie, durch den Islam vermittelt, hatte einen Teil der iberischen Juden beeinflußt, in universalen und rationalen Begriffen zu denken, was so weit ging, daß bestimmte Rituale und selbst Glaubensinhalte des Judentums wenig Bedeutung für sie zu haben schienen.[3] Als sich die Lage des spanischen Judentums im späten vierzehnten Jahrhundert verschlechterte und 1391 die Juden in mehreren Gemeinden zwischen dem Kreuz oder dem Schwert wählen mußten, traten viele spanische Juden zum Christentum über. Andere konvertierten ohne besonderen Zwang im Verlauf des folgenden Jahrhunderts. Aristoteliker konnten sie schließlich ebensogut im christlichen wie im jüdischen Gewand sein. Einige von ihnen blieben insgeheim Juden, doch selbst diese waren bereit, vorzutäuschen, daß sie Christen wären, um ihr Leben zu retten. In dieser Hinsicht war das spanische Judentum ein Vorläufer der Moderne, einer Zeit, in der die Identifikation mit nichtjüdischen Werten nicht nur die Juden selbst, sondern auch ihr Judesein durch den Antisemitismus verwundbar machte.

Doch es war die europäische Aufklärung, die die Identitätskrise der modernen Juden herbeiführte, indem sie ihnen neue Perspektiven eröffnete, durch die sie begannen, den Inhalt ihres Judentums in Frage zu stellen. Das Versprechen von der Gleichheit aller Menschen entzog ihrem Glauben, sie stünden im theologischen Zentrum, die Vitalität. Sie konnten die Völker der Erde nicht mehr einfach als Werkzeuge in der Hand Gottes sehen, um Sein Volk zu züchtigen. Wenn aber die Nichtjuden nicht nur Instrumente Gottes waren, dann waren ihre Ansichten von Bedeutung. So lange diese Ansichten die Anerkennung der Juden und ihre Integration in die Gesellschaft versprachen, waren sie kein Anlaß für schwere Identitätsprobleme. Das Judentum müßte nur, wie Mendelssohn es versuchte, seine universalen Grundlagen mehr hervorheben, um sich anzupassen. Zwar könnte man über die Form, die das Judentum in der modernen Welt annehmen sollte, verschiedener Meinung sein, doch man könnte als Jude aufwachsen, ohne sich seiner Abstammung und Zugehörigkeit zu schämen.

Von Anfang an jedoch war diese Anerkennung mit Ablehnung verbunden, die Verlockungen der Aufklärung wurden durch die Zurückweisungen des Antisemitismus aufgewogen. Noch grausamer war, daß Perioden relativer Toleranz die Hoffnungen auf eine wahre Gleichheit belebten und damit die spezifische jüdische Identifikation schwächten. Aber sobald Juden das Schutzschild des Selbstvertrauens ablegten, erfuhren sie eine erneute Zurückweisung. Beschuldigungen, die den Juden früher nichts ausgemacht hatten – wie etwa der jüdischen Exklusivität oder abweichender ethnischer Charakteristika – trafen sie nun bis ins Mark. Nachdem sie einmal begonnen hatten, sich in Angelegenheiten der Wissenschaft, Philosophie und Kunst der Denkweise der Nichtjuden anzuschließen, war es nicht leicht für sie zu erklären: »Doch in Eurem Vorurteil gegenüber den Juden seid Ihr völlig im Unrecht.« Eine wachsende Anzahl moderner Juden begann nun mehr oder weniger dem Bild ihrer eigenen Gruppe aus der Sicht der Antisemiten zuzustimmen, mit entsprechend leichteren oder schwereren Folgen für ihre jüdische Identität.

Die geringeren Folgen waren unter den modernen Juden so sichtbar und verbreitet, daß man von ihnen verallgemeinernd sprechen kann, ohne sich auf einzelne Individuen oder Ereignisse zu beziehen. Am üblichsten war die Einteilung in »gute Juden« und »schlechte Juden«. Mit jenen kann man sich identifizieren. Es sind gewöhnlich die, die Nichtjuden am wenigsten kritisierten. Sie sind sauber, sprechen leise, sind assimiliert, fleißig und überaus moralisch. Sie sind nützliche Glieder der Gesellschaft, doch sie drängen sich nicht zu sehr vor. Etwas über ihre Verdienste in den Zeitungen zu lesen erfüllt den jüdischen Leser mit Stolz und Freude. Die schlechten Juden sind das Spiegelbild und die Nemesis der guten. Man schämt sich ihrer, weil man bemerkt, daß ihr Verhalten von der herrschenden Kultur verurteilt und lächerlich gemacht wird. Aber leider sind sie Juden wie man selbst. Folglich hat man das Bedürfnis, sich von ihnen loszusagen, denn sie fordern den Antisemitismus heraus, der unweigerlich die guten ebenso wie die schlechten Juden treffen wird. Überempfindlichkeit gegenüber dem Verhalten der schlechten Juden ist die Kehrseite der übertriebenen Genugtuung über die Leistungen der guten.[4]

Der Antisemitismus gibt auch zur Selbstprüfung Anlaß. Der Jude, der von den Nichtjuden abgelehnt wird, fragt sich unweigerlich: »War ich daran schuld, weil ich etwas Falsches sagte oder tat, oder erregte mein bloßes Judesein Anstoß, ungeachtet dessen, was ich gesagt oder getan habe?« Diese Unsicherheit führt zu ständiger Besorgnis, die das innere Gleichgewicht belastet.[5] Sie führt zu der Angst, daß eine falsche Bewegung das Vorurteil provoziert: »Das war natürlich von einem Juden nicht anders zu erwarten!« Also bemüht man sich krampfhaft, die jüdische Identität zu verbergen, um zu verhindern, daß sie zur Visitenkarte wird.[6] Erst nachdem man seine Rechtschaffenheit bewiesen hat, darf man sich als Jude zu erkennen geben, da man weiß, daß der antisemitische Nichtjude einen zumindest als eine Ausnahme seiner Regel über die Juden gelten lassen wird.

Juden in der modernen Welt versuchten sich diesem Dilemma durch gewisse Strategien zu entziehen, wie ein paar Beispiele zeigen mögen. Gewisse Familiennamen und Vornamen sind entschieden jüdisch; sie signalisieren die jüdische Identität ihres Trägers. Die Juden, die am meisten um ihr Ansehen bei den Nichtjuden besorgt waren, veränderten Itzig zu Hitzig, Abraham und Moses zu Albert und Moritz. Als der österreichische Ministerpräsident einmal den jüdischen Abgeordneten von Galizien, Joseph Bloch, fragte, ob der Erzbischof Theodor Cohen aus Olmütz wirklich konvertiert wäre, antwortete dieser: »Keine Sorge, Exzellenz, wenn er noch Jude wäre, würde er nicht mehr Cohen heißen.«[7] Ein ähnlicher Vertuschungsversuch ist die Änderung auffallender physischer Charakteristika, die einen angeblich als Juden kenntlich machen. Erikson erzählt von dem Fall eines Patienten der Psychiatrie, der wegen seiner vorspringenden jüdischen Nase ernstlich glaubte, »daß der einzig wahre Retter für die Juden ein Schönheitschirurg wäre«.[8] Wie das Glätten des krausen Haares unter den Schwarzen, dient der »Nasenjob« bei einigen Juden dazu, die offensichtliche Minderheitenidentität abzuschwächen. Sie glauben ein Symbol entfernt zu haben, das

»Jude« ruft, bevor die Nichtjuden persönliche Identität beurteilen können. Eine weniger extreme Art und Weise, das Judentum zu verbergen, ist ein Überkompensieren nichtjüdischer Vorurteile, indem man Charakterzüge annimmt, die am weitesten vom jüdischen Stereotyp entfernt sind: zum Beispiel auffallende Großzügigkeit, gepflegte Kleidung und tadellose Manieren. Die wohl am häufigsten angewandte Vorsichtsmaßnahme ist der Versuch, bei einer Begegnung die jüdische Identität nicht zu früh durch den Gebrauch eines offensichtlich jüdischen Wortes, einer Geste oder Anspielung zu verraten. So bewirkt das antisemitische Vorurteil ein gesteigertes Bewußtsein des eigenen Judentums in Gegenwart von Nichtjuden, das sich darin äußert, daß man so lange wie möglich sein Judentum vor dem Außenseiter verbirgt, dem man nicht traut, doch dem man gefallen möchte.

Doch diese Angst vor Zurückweisung hat manchmal auch eine gesellschaftliche Auswirkung, die die jüdische Identität stärken kann. Um dem Druck auszuweichen, Jude in der gesellschaftlichen Welt der Nichtjuden zu sein, zogen die Juden es vor, untereinander zu verkehren. Gerade weil die Gegenwart von Nichtjuden den Juden unbehaglich war, fühlten sie sich ungezwungener unter anderen Juden, wo sie sich entspannen konnten und nicht das Gefühl hatten, daß sie ihre besten Seiten zeigen mußten.[9] Es war bezeichnend, daß selbst die modernen Juden, die sich offiziell nicht mehr mit dem Judentum identifizierten, indem sie zum Christentum übertraten, oft fast ausschließlich mit anderen Konvertiten verkehrten. In Deutschland nannte man sie »Taufjuden«. Sie waren nicht wirklich Christen geworden, sondern hatten eine Identität am Rande angenommen, in der sie noch immer das Urteil der geborenen Christen fürchteten.

Im Rückblick scheint es, als ob eine derart peinliche Lage der Juden besonders in Zeiten vorherrschte, wo der Antisemitismus stärker, aber nicht so virulent war, daß der Versuch der Juden, Anerkennung zu finden, vergeblich gewesen wäre. Im heutigen Amerika haben die Spannungen aufgrund eines geringeren gesellschaftlichen Antisemitismus und, von jüdischer Seite, einer verminderten Empfindlichkeit gegenüber den Meinungen der Nichtjuden nach dem Holocaust und der Existenz des Staates Israel nachgelassen.[10] In der Tat ist eine gegenteilige Haltung in dem Auftauchen von großen und auffällig zur Schau gestellten jüdischen Symbolen zu beobachten: dem Davidsschild (Magen David) und dem *Chai*.[11] Viele Juden neigen heute eher dazu, ihr Judentum demonstrativ zur Schau zu stellen, anstatt es wie bisher zu verbergen.

In der stark antisemitischen Atmosphäre im Deutschland des neunzehnten Jahrhunderts brachte die weitverbreitete Verachtung der Juden das extreme und pathologische Phänomen hervor, das man als jüdischen Selbsthaß bezeichnet.[12] Der Begriff wird auf verschiedene Weise definiert, im weiteren oder engeren Sinne. Ich möchte ihn hier im engeren Sinne definieren: als ein Verabscheuen dessen, was man in sich selbst für jüdisch hält, was man austilgen möchte, aber nicht kann. Es ist, in den Worten der Lady Macbeth, der Aufschrei: »Out, damned spot! out, I say!« Doch der Fleck bleibt, und man fühlt sich von ihm besudelt. In der Psyche schöpferischer Individuen kann das untilgbare Bewußtsein von dem eigenen, irgendwie schmutzigen Judentum sich zu einem Phantasiegebilde auswachsen, das so weit von der Realität entfernt ist, daß man es nur als pathologisch verstehen kann. Zwei berühmte Beispiele sollen dies veranschaulichen.

Wie immer man auch die Gültigkeit von Karl Marx' ökonomischen und politischen Schriften beurteilen mag, seine frühe Schrift über die Judenfrage ist so exzentrisch, daß sie jeder rationalen Erklärung spottet. Marx war nominell seit seinem siebenten Lebensjahr Christ, als sein Vater die ganze Familie zum Taufbecken führte. Doch ein Großvater und ein Onkel waren Rabbiner, und es gab väterlicher- und mütterlicherseits Rabbiner. Marx wußte wenig über das Judentum, doch war er sich nicht nur offensichtlich seiner Abstammung bewußt, er wurde auch wiederholt von seinen politischen Gegnern daran erinnert. Er wiederum brandmarkte seine Rivalen, sofern sie Juden waren, mit Schimpfnamen wie Jüdchen, Jüdel oder Itzig.[13] Er schwieg zu den Pogromen von 1881 gegen die Juden in Rußland. Später versuchten jüdische Apologetiker, Marx trotzdem zum Juden zu machen, indem sie auf sein prophetisches Erbe oder sein messianisches Streben hinwiesen. Doch Marx selbst sah seine Schriften niemals als Teil irgendeiner jüdischen Tradition.[14]

In seinem 1844 erschienenen Essay »Zur Judenfrage«[15] übernahm der junge Marx seine Definition des Judentums von dem antisemitischen Schriftsteller Ludwig Feuerbach. Das Judentum war weder Religion noch Volkstum, sondern egoistische Gewinnsucht, die Liebe zum Geld. »Welches ist der weltliche Grund des Judentums? Das praktische Bedürfnis, der Eigennutz. Welches ist der weltliche Kultus des Juden? Der Schacher. Welches ist sein weltlicher Gott? Das Geld.« Der Jude war die Personifikation des Kapitalismus. Marx blieb blind gegenüber der Existenz eines jüdischen Proletariats, das besonders in Osteuropa zahlreich vertreten war. Es ist unverständlich, daß er den Juden mit dem bürgerlichen Spekulanten gleichsetzte. Doch Marx ging noch weiter. Nicht nur der historische Jude ist in Marx' neuem Sinne ein Jude. Auch die Christen, sofern sie Kapitalisten sind, sind essentiell Juden geworden. Er behauptete, daß ». . . der praktische Judengeist zum praktischen Geist der christlichen Völker geworden ist«. Geld ist der eifersüchtige Gott Israels, und dieser Gott ist der Herr des Universums geworden.[16] Die Juden sind verabscheuenswürdig, weil die bürgerliche Gesellschaft, deren reinste Verkörperung sie darstellen, verabscheuenswürdig ist. Die Emanzipation vom Kapitalismus (der für Marx das Verderben der modernen Gesellschaft war) ist auch die Emanzipation vom Judentum. Marx projizierte die eigene Ablehnung seiner jüdischen Herkunft auf die Gesellschaft als Ganzes. Er selbst brauchte keine Schuldgefühle zu haben, weil er die jüdischen Traditionen seiner Familie ablehnte, denn das Judentum sei nichts anderes als Egoismus und Habsucht. Alle, die an der kapitalistischen Gesellschaft teilhaben, sind mehr oder weniger Juden. Also müssen alle eine verächtliche jüdische Identität gegen die weltweite Bruderschaft des Proletariats eintauschen.

Obwohl historisch weit weniger bedeutend als Karl Marx, war auch Otto Weininger ein origineller Denker, dessen Werk von seinen Zeitgenossen viel gelesen wurde und noch heute Gegenstand akademischer Diskussionen ist.[17] Weininger verbrachte sein kurzes Leben im Österreich des Fin de Siècle, in der pulsierenden Hauptstadt der Sinnlichkeit, der Wiege der Psychoanalyse und dem Treibhaus des Antisemitismus. Er studierte Philosophie und Naturwissenschaften an der Wiener Universität, wo er 1902 den Doktortitel erwarb. Am selben Tag noch ließ er sich als Protestant taufen. Im Mai 1903 veröffentlichte Weininger *Geschlecht und Charakter*, ein Werk, das ihn berühmt machte. Doch bereits vier Monate später, im Alter von dreiundzwanzig Jahren, verübte er Selbstmord. Soweit bekannt ist, war die Beziehung zu seiner Familie nicht schwierig. Sein Vater, der zusammen mit Weiningers Schwestern ebenfalls konvertierte, hatte große Hochachtung für seinen Sohn. Der junge Weininger scheint keine besonderen Probleme mit seinem Judentum gehabt zu haben. Doch er war ein zutiefst unglücklicher Mensch, der sich zu einer Definition des Judentums hinreißen ließ, die nicht weniger absurd war als die von Marx.

In *Geschlecht und Charakter* überwiegen drei Einflüsse: Platos Idee der Idealtypen, Kants Ethik der kompromißlosen Pflichterfüllung und die christliche Vorstellung der Transzendenz der Natur und der göttlichen Seele des Menschen. Weiningers erstes Anliegen ist, eine Dichotomie der männlichen und weiblichen Idealtypen herauszuarbeiten. Nur der Mann verfüge über Logik, Ethik, Ästhetik; nur er besitze Seele und Geist. Sexualität sei nur ein Teil seiner Veranlagung. Im Gegensatz dazu lebe die Frau nur unbewußt und selbstsüchtig, ihr fehlen alle positiven Attribute des Mannes. Sie sei rein geschlechtlich. In philosophischen Begriffen: Der Mann ist Gestalt, die Frau Materie. Wohl könnte auch eine Frau einige dem Mann zugeschriebene Eigenschaften besitzen, doch je mehr davon sie besitzt, um so weniger ist sie Frau.

Das Judentum ist ebenfalls eine platonische Idee. Weininger sagt, die Juden seien »weder Rasse noch Volk, noch weniger ein anerkannter Glaube. Ich verstehe sie als eine spirituelle Orientation, eine psychologische Verfassung, die eine *Möglichkeit für die ganze* Menschheit ist, doch die sich nur am auffälligsten unter den Juden verwirklicht hat«.[18] Das Judentum ist durchtränkt mit Weiblichkeit. Der Jude ist wie die Frau amoralisch, weder im Guten noch im Bösen zur Größe fähig. Er ist fixiert auf sexuelle Angelegenheiten, insbesondere die Heiratsvermittlung, der besonderen Domäne der Frauen. Weil der Jude, wie die Frau, keine Seele hat, ist er für derart seelenlose Lehren wie den Materialismus, Darwinismus und Spinozas Determinismus anfällig. Das gegenwärtige Zeitalter, teilt Weininger seinen Lesern mit, leidet unter den miteinander verwandten Krankheiten der Weiblichkeit und des Judentums. Beide müssen zum Wohl der Menschheit überwunden werden. Durch stetige moralische Anstrengung kann der einzelne Jude sein amoralisches Judentum überwinden. Das bedeutet praktisch, Christ zu werden, denn Christus ist das große Vorbild des Juden, der sein Judentum transzendiert hat. Durch ein ähnliches Bemühen können vereinzelte Frauen ihre Weiblichkeit überwinden. Sie müssen aufhören, den Männern zu erlauben, sie als Sexualobjekte zu benutzen. Nur durch Keuschheit können sie gewissermaßen Männer werden.

Weininger war genügend einsichtig zu erkennen, daß er eben die Eigenschaften, die er an sich selbst haßte und fürchtete, nach außen projizierte. »Jeder, der den jüdischen Charakter verabscheut«, schreibt er, »verabscheut ihn zuerst in sich selbst. Daß er ihn in andern verfolgt, ist nur sein Versuch, sich selbst in dieser Weise von dem, was jüdisch ist, zu trennen. Er strebt danach, sich von ihm zu lösen, indem er es in seinen Mitgeschöpfen entdeckt, und sich so für einen Augenblick einbilden kann, davon frei zu sein. Haß ist, wie Liebe, ein projiziertes Phänomen: Man haßt die Person, von der man das Gefühl hat, daß sie einen in unangenehmer Weise an einen selbst erinnert.«[19] Natürlich handelte es sich bei Weiningers Ideen um Projektionen. Verfolgt von dem bedrückenden Bewußtsein seiner jüdischen Abstammung und den irrationalen Schuldgefühlen wegen seiner Sinnlichkeit,[20] sah Weininger Judentum und Sexualität als den Ruin der modernen Gesellschaft, von denen sie sich um ihrer eigenen moralischen Gesundheit willen befreien mußte. So konnte Weininger zeitweilig die Schmerzen seines inneren seelischen Kampfes lindern, indem er ihn in die öffentliche Sphäre übertrug.

Die Parallele zwischen Marx und Weininger sollte jetzt vollkommen deutlich geworden sein. Jeder schuf ein mythisches Judentum, das in enger Beziehung zu den Charaktereigenschaften stand, von denen er sich selbst verzweifelt zu befreien suchte: Egoismus im einen Falle, Sinnlichkeit im anderen. Es gelang keinem von beiden. Selbst heute noch wird Marx als Jude angesehen, in einem anderen Sinne als in seiner eigenen Definition, während Weininger zum Paradebeispiel jüdischen Selbsthasses wurde.

Pathologischer Selbsthaß ist jedoch ein seltenes Phänomen, während das Gefühl der Verlegenheit von Juden, das

wir zuvor diskutierten, weiter verbreitet ist. Um die Doppel-
wirkung des antisemitischen Einflusses auf die jüdische Identität deutlicher zu sehen, ist es notwendig, die historischen
Epochen zu suchen, wo er unerwartet auftritt, und seine Wirkung im Verhältnis zu seiner jeweiligen Intensität zu analysieren.

Wie wir feststellten, spielte die europäische Aufklärung
eine entscheidende Rolle bei der Entwicklung der modernen
jüdischen Identität. Ihr nachdrücklicher Rationalismus und
Universalismus verlockte die Juden dazu, Identifikationen
über die Grenzen der jüdischen Sphäre hinaus auszudehnen.
In der Praxis jedoch blieb die Aufklärung hinter ihren Idealen
zurück. Oder, anders ausgedrückt, ihre Exponenten waren
selten fähig, sich völlig von den Vorurteilen zu befreien, die
dem Geist der Aufklärung widersprachen. Diese Realität war
für aufgeklärte Juden manchmal schwer zu akzeptieren. Die
neuen Prinzipien der Toleranz hatten so große Hoffnungen
erweckt, daß erneute Zurückweisungen um so schmerzlicher
waren.[21] Einige Sefardim hatten begonnen, Voltaire, den
größten Geist der französischen Aufklärung, ungemein zu be-
wundern. Isaac de Pinto, ein prominenter sefardischer Jude
aus Frankreich, der meist in Holland lebte, sah sich als Voltaires größten Bewunderer und zweifelte, daß es jemanden
gäbe, der dessen Werke gründlicher gelesen hätte als er.
Doch wie hoch Voltaire auch das Ideal der Gleichheit aller
Menschen geschätzt haben mag, er hatte wenig Liebe für die
Juden als Individuen gezeigt. Er erklärte sie zu einem »unwis-
senden und barbarischen Volk, das lange die schmutzigste
Habgier mit dem abscheulichsten Aberglauben und dem un-
ausrottbaren Haß gegen alle Menschen, von denen sie gedul-
det und bereichert worden waren, in sich vereinten«.[22] Voltai-
res Angriff verletzte besonders diejenigen Juden, die seine
Schriften schätzten. Wie so viele verbale Angriffe, die in der
Moderne folgen würden, hatte er eine doppelte Wirkung. Ei-

nerseits führte er die Juden zu ihrer Selbstverteidigung zusammen, andererseits spaltete er ihre Reihen.

Isaac de Pinto übernahm es, eine Entschuldigung für alle seine Glaubensgenossen, Sefardim wie Aschkenasim, zu schreiben. Er entschuldigte die Aschkenasim für alle Fehler, die sie haben mochten, indem er ihre Unzulänglichkeiten dem Antisemitismus zuschrieb, den sie erduldet hatten. »Die Verachtung, die auf sie gehäuft wurde«, schrieb er, »erstickte jede Saat der Tugend und Ehre.« Doch seine Hauptsorge war, den Kreis der Sefardim, denen er zugehörte und mit denen er sich am meisten identifizierte, von Voltaires Kritik auszunehmen. Voltaire hätte seinen Artikel im *Philosophischen Wörterbuch* damit beginnen sollen, die spanischen und portugiesischen Juden von der »gewöhnlichen Herde von Jakobs anderen Nachkommen« zu unterscheiden. Er läßt Voltaire wissen, das ein sefardischer Jude aus Bordeaux und ein deutscher Jude aus Metz »zwei völlig verschiedene Wesen« seien. Ihr Verhalten und ihre Wertvorstellungen unterschieden sich erheblich. Wenn die Sefardim Fehler hätten, so wären sie auch von anderem Rang und ähnelten denen der französischen Oberschicht. Er zählt unter anderem Prahlerei, Eitelkeit, Leidenschaft für Frauen, Verachtung körperlicher Arbeit und Hochmut auf. Doch diese, stellt er fest, sind die »Untugenden edler Geister«.[23] Obwohl er versucht, die Aschkenasim zu entschuldigen, teilt Pinto bis zu einem gewissen Grade Voltaires Verachtung für sie. Er will nicht mit ihnen in einen Topf geworfen werden. Seine Gefühle wurden von anderen spanischen und portugiesischen Juden geteilt. Als man in Frankreich am Ende des achtzehnten Jahrhunderts die Emanzipation der Juden diskutierte, versuchten die französischen Sefardim die sofortige politische Gleichheit für ihre aschkenasischen Brüder zu verhindern. Die Differenzen zwischen den Sefardim und Aschkenasim bestanden zwar seit langem, doch die Feindseligkeit Voltaires und anderer, die seine Ansichten teilten, trieb sie weiter auseinander.

Ein anderer Vorfall im achtzehnten Jahrhundert hatte eine ganz andere Wirkung. In seinem Verlangen, von den Nichtjuden akzeptiert zu werden, hatte Moses Mendelssohn peinlichst vermieden, mit Nichtjuden über die Religion zu streiten. Anscheinend glaubte er, daß die aufgeklärte nichtjüdische Welt sein Judentum als eine Privatangelegenheit anerkennen und ihn ausschließlich nach seinen menschlichen Qualitäten und Begabungen beurteilen würde. Mendelssohns Entgegnung in dem wohlbekannten Fall, als der Schweizer Pfarrer Johann Caspar Lavater von ihm verlangte, entweder zum Christentum überzutreten oder seinen Glauben zu verteidigen, veranschaulicht eine ganz andere Wirkung der Intoleranz. Hier führte Lavaters Herausforderung nicht zu einer Trennung vom Judentum oder seinen Glaubensgenossen, sondern zu einem Wendepunkt in Mendelssohns Laufbahn. Er wurde nun in aller Öffentlichkeit zu einem Verteidiger des Judentums und schuf eine Ideologie, die eine feste jüdische Identität in der aufgeklärten Welt rechtfertigte. Hier forderte ironischerweise die Enttäuschung über die Ansichten des christlichen Geistlichen, der sich für tolerant hielt, bei Mendelssohn das Bekenntnis zum Judentum heraus und bestätigte es indirekt auch bei anderen.

Während des neunzehnten Jahrhunderts erhielten sich in Europa zwei Formen des Antisemitismus. Er blieb – in Osteuropa in größerem Ausmaß als in Westeuropa – als offizielle oder inoffizielle Diskriminierung unterschwellig bestehen. Von Zeit zu Zeit trat durch einen Zwischenfall, eine gesetzliche Zurücksetzung oder nackte Gewalt der Antisemitismus deutlicher zum Vorschein. Verdeckt oder offen spielte er eine zwiespältige Rolle. Juden, die sich durch die Aufklärung am weitesten vom Judentum entfernt hatten, versuchten, so gut sie es konnten, ihre Identität zu schützen oder zu verbergen.

In extremen Fällen flüchteten sie sich in die Konversion. Sie wußten, daß ihr Judentum immer ein Hindernis für ihr Fortkommen und eine ständige Quelle der Angst in der Gegenwart von Nichtjuden bleiben würde. Doch durch die fortgesetzte Diskriminierung mußten die meisten ostjüdischen Siedler in abgegrenzten Regionen und lange Zeit ohne Kontakt zur europäischen Kultur wohnen bleiben, während den Juden im Westen der Zugang zu nichtjüdischen Gesellschaftskreisen verwehrt blieb. So stärkte die Diskriminierung bei vielen Juden ihre jüdische Identifikation. Wie in Zeiten vor der Moderne hatte der Antisemitismus auch im neunzehnten und frühen zwanzigsten Jahrhundert die Wirkung, die jüdische Identität zu stärken, indem er der Assimilation äußere Schranken setzte.

Der besondere Einfluß des Antisemitismus auf die jüdische Identität in dieser Periode kann jedoch am besten beurteilt werden, wenn man die Fälle untersucht, da er besonders spürbar hervortritt und die Juden zwingt, ihn wieder zu erkennen und sich mit ihm auseinanderzusetzen. Für die Juden in Deutschland kam der erste solche Anlaß während der Periode politischer Reaktion, die auf die endgültige Niederlage Napoleons 1815 folgte. Nachdem die deutschen Juden in den Befreiungskriegen gegen die Franzosen gekämpft hatten, erwarteten sie nun die Anerkennung ihrer Emanzipation. Statt dessen widerfuhren ihnen neue Einschränkungen, antijüdische Propaganda und 1819 auch Ausbrüche von Gewalt. Es war eine Umkehrung der Verhältnisse, die sie bis ins Mark traf. Da der Einfluß der Aufklärung bereits ihr jüdisches Selbstverständnis erschüttert hatte, waren sie viel empfindlicher gegenüber Feindseligkeiten geworden als die Juden früherer Generationen. In Berlin erreichte die zu Beginn des Jahrhunderts steil ansteigende Zahl der Konversionen nun beispiellose Höhen.[24] Diesen Männern und Frauen bedeutete das Judentum nicht so viel, daß es das Opfer einer begehrten

Karriere oder selbst des gesellschaftlichen Ausgeschlossenseins wert wäre. Andere versuchten, sich und ihr Judentum umzuformen, und das Befremdliche, das in den Augen der Nichtjuden Anstoß erregte, abzuschleifen. Sie sprachen von Erneuerung und Reform, zitierten universalistische Stellen aus jüdischen Texten und behaupteten, daß die Loyalität zu dem Staat, in dem Juden lebten, durchaus mit dem jüdischen Glauben vereinbar sei. Sie versuchten zu beweisen, daß sie imstande wären, ihre Tradition mit akademischer Objektivität und Wissenschaftlichkeit zu betrachten, wie es an den Universitäten üblich war. Alle diese Reaktionen waren natürlich teilweise durch die Verinnerlichung eben jener Werte hervorgerufen worden, die ihre Gegner ihnen absprachen. Doch die erneute Atmosphäre der Ablehnung verlieh ihren Bemühungen eine Dringlichkeit, der es manchmal an Würde fehlte. Der wiederauflebende Antisemitismus gestattete dem Prozeß der Modernisierung keinen natürlichen Verlauf. Die wichtigste Überlegung war oft nicht, was das Beste für die Juden und das Judentum wäre, sondern was den Antisemitismus vermindern würde. Und doch erwiesen sich die Formen jüdischer Identität, die in Deutschland während der zwanziger und dreißiger Jahre des neunzehnten Jahrhunderts aufkamen – der Periode, da die Hoffnung auf völlige Gleichheit fast im Schwinden war –, für deutsche und nichtdeutsche Juden gleichermaßen lebensfähig: die verschiedenen Formen jüdischer Religiosität, von der Neo-Orthodoxie bis zum Reformjudentum, und die *Wissenschaft des Judentums*, die eine verläßlichere Darstellung der jüdischen Vergangenheit bot, aus der das historische Erbe jüdischer Identität entnommen werden konnte.

In den Jahrzehnten um die Mitte des neunzehnten Jahrhunderts riefen zwei antisemitische Vorfälle bemerkenswerte und beispiellose Reaktionen von Juden in aller Welt hervor. Die Juden von Damaskus wurden 1840 wegen Ritualmordes angeklagt, und es drohte ihnen eine Massenvernichtung. Dies war nichts als ein weiteres Beispiel in einer langen Kette derartiger Beschuldigungen, doch war es die erste große in der Neuzeit. Sie war der Anlaß, das schlummernde Gefühl weltweiter jüdischer Einheit und Verantwortung füreinander wiederzuerwecken.[25] Der Vorfall veranlaßte die Juden in verschiedenen Ländern, sich zu vereinigen, um eine Katastrophe zu verhindern. Selbst in den Vereinigten Staaten wurden Protestversammlungen abgehalten. Zwei prominente jüdische Persönlichkeiten, Moses Montefiore aus England und Adolphe Crémieux aus Frankreich reisten in den Nahen Osten und versuchten mit Erfolg, für ihre jüdischen Brüder und Schwestern zu intervenieren.

Noch wichtiger für die Stärkung des jüdischen Bewußtseins war die Mortara-Affäre von 1858. Als ein jüdisches Kind der in Bologna in Italien lebenden Familie Mortara, das eine christliche Magd heimlich hatte taufen lassen, in ein Kloster entführt wurde, rief dieser Fall eine empörte Reaktion bei Nichtjuden und Juden hervor. Wie in der Damaskus-Affäre wurden die Juden aufgerüttelt, vereint zu handeln. Sie versuchten, vergeblich, bei verschiedenen Behörden zu intervenieren. Doch die Folgen waren diesmal weiterreichend. Die Mortara-Affäre war der direkte Anlaß für die Bildung zweier jüdischer Organisationen, deren Aufgabe es sein sollte, die Rechte der Juden zu schützen. 1859 schlossen sich vierundzwanzig amerikanische Gemeinden zusammen, um den *Board of Delegates of American Israelites* zu gründen, deren Ziel es unter anderem war, die bürgerlichen und religiösen Rechte der Juden in den Vereinigten Staaten und anderswo zu verteidigen. Eine amerikanische jüdische Gemeinde, die bisher hartnäckig in religiöse und ethnische Parteien gespalten war, führte der *Board of Delegates* bald zu einer gemeinsamen Sache zusammen. Es war die erste amerikanische jüdische Organisation, der eine derart breite Unterstützung zuteil

64

wurde.[26] Ebenfalls unter dem Eindruck der Mortara-Affäre gründeten die französischen Juden 1860 die *Alliance Israélite Universelle*, eine internationale Organisation mit dem Ziel, den Antisemitismus überall in der Welt zu bekämpfen und den Juden, die an seinen Folgen litten, zu helfen. Beide Organisationen dienten dazu, in einer Zeit, in der die nationalen Loyalitäten den Vorrang hatten, ein Gefühl jüdischer Solidarität zu fördern.

Die Damaskus- und Mortara-Affären wurden jedoch nicht als große Rückschläge für die jüdische Emanzipation betrachtet. Die eine hatte sich im rückständigen Nahen Osten abgespielt, die andere war nur ein Einzelfall gewesen. Erst in den letzten beiden Jahrzehnten des neunzehnten Jahrhunderts erfolgten sowohl im Osten wie im Westen dramatische Veränderungen des Status und der Situation des europäischen Judentums. In Osteuropa wirkten ein Ausbruch von Pogromen und die einschränkenden Maigesetze, die beide auf die Ermordung des relativ liberalen Zars Alexander II. im Jahre 1881 folgten, wie ein Hammerschlag, der Funken in alle Richtungen versprühte. Es erfolgte eine Massenemigration nach Nordamerika. Gewöhnlich ließen die auswandernden Juden ihre traditionellen religiösen Bräuche hinter sich und entwikkelten neue jüdische Identitäten, die mit der amerikanischen Demokratie übereinstimmten. Andere blieben sicher in der Geborgenheit eines traditionellen Judentums, da die kurze und begrenzte Aufklärung in Rußland nur zu sehr wenigen durchgedrungen war. Eine kleinere Anzahl wandte sich dem revolutionären Sozialismus zu oder verband den Sozialismus mit einem gewissen Grad von ethnischer jüdischer Identität. Und einige wurden Zionisten. So beschleunigte in Rußland eine neue Feindseligkeit die physische Zerstreuung und die Vermehrung identitätsbestimmender jüdischer Ideologien.

In Deutschland und Österreich war die gesetzlich gesicherte und totale politische Emanzipation, die die Juden gegen Ende der 1860er Jahre erreicht hatten, kaum mehr als ein Jahrzehnt später wieder bedroht. Bis zu den achtziger und neunziger Jahren war die liberale Welle der vorhergehenden beiden Jahrzehnte wieder verebbt, und die deutschsprachigen Juden sahen sich wieder einmal, wie in den Jahren nach 1815, Druck ausgesetzt. Diesmal waren sie in mancher Hinsicht weniger verwundbar, in anderer um so mehr. Im Verlauf eines halben Jahrhunderts hatten sie gelernt, sich in ihren besonderen Status zu fügen. Ihre religiösen Ideologien boten nun weniger Anlaß, ihnen Absonderung vorzuwerfen; ihre religiösen Bräuche waren in ihrer Form abendländischer geworden. Das Judentum hatte seine Fähigkeit bewiesen, sich anzupassen und im modernen Europa zu überleben. Doch für eine viel größere Anzahl als 1815 hatte sich die jüdische Identität im Kern abgenutzt und war peripher geworden. Wieder einmal – und diesmal in größerer Zahl, da die jüdische Bevölkerung angewachsen war –, beugten sich diejenigen, die sich am meisten entfremdet hatten, dem Druck und konvertierten. In Wien war ihre Anzahl besonders groß.[27]

Andere Juden, die sich dem Judentum ebenso entfremdet hatten wie die Konvertiten, lehnten es ab, denselben Weg zu gehen, sie hielten es für ehrlos, aus reinem Opportunismus eine religiöse Identität gegen eine andere einzutauschen. Sie verachteten die Konvertiten weniger, weil sie etwas Wertvolles aufgegeben hätten, sondern weil sie zu Heuchlern geworden wären. Ihre eigene, im wesentlichen substanzlose jüdische Identität wurde als »Trotzjudentum« bekannt. Es bestand in der trotzigen Weigerung, ihr Handeln vom Antisemitismus bestimmen zu lassen.

Der neue Antisemitismus bewirkte auch eine Trennung, indem er die deutschen Juden in Versuchung führte, Sündenböcke zu finden. Natürlich boten sich dazu vor allem die »Ostjuden« an, die vor nicht langer Zeit aus Osteuropa eingewandert waren und die in Sprache und Benehmen am wenigsten assimiliert waren. Die deutschen Juden warfen den »Ost-juden« häufig vor, sie würden ihr mühsam erworbenes gutes Ansehen zunichte machen. Sie distanzierten sich von den Neuankömmlingen, so wie die Sefardim sich ein Jahrhundert zuvor von den Aschkenasim distanziert hatten. Andere Stimmen beschuldigten gegnerische religiöse Richtungen. Die orthodoxe jüdische Presse beschuldigte die Reformjuden oder liberalen Juden, daß sie den Zorn Gottes in Form des neuen Antisemitismus auf sich zögen, während die liberalen Juden behaupteten, alles sei die Schuld der Orthodoxen, weil sie ihre Andersheit zu offenkundig demonstrierten. Verschiedene jüdische Schriftsteller gaben zu, daß an dem, was die prominentesten Antisemiten über die Juden sagten, etwas Wahres sei, das *einige* Juden beträfe. In ihren Erwiderungen auf antisemitische Schriftsteller waren sie sehr bemüht, ihnen auf halbem Weg zu begegnen. Indem sie zustimmten, daß die Juden noch immer verbesserungsbedürftig seien, unterwarfen sie sich dem Urteil ihrer Gegner.

Auf kürzere wie längere Sicht stärkte der wiederaufkommende Antisemitismus in Deutschland jedoch die jüdische Identität. Selbst Juden, die am wenigsten Wert auf ihr Judentum legten, fühlten sich genötigt, Stellung zu nehmen und wurden sich ihrer Zugehörigkeit bewußter. Juden, denen ihr Judentum gleichgültig war, wurden, wie ein Schriftsteller es ausdrückte, »Juden von Gnaden (des Antisemiten Adolf) Stoecker«.[28] Der Antisemitismus von 1880 führte sogar zu einer vorübergehenden Wiederbelebung des Judentums. So sandten etwa jüdische Banken im selben Jahr – was nie zuvor geschehen war – ein Rundschreiben aus, in dem sie alle ihre Kunden informierten, daß sie an den ersten beiden Tagen des Neuen Jahres und am Versöhnungstag geschlossen hätten. Eine jüdische Zeitung behauptete, durch die antisemitische Agitation habe die jüdische Identifikation beträchtlich zugenommen, und etliche Rabbiner betrachteten diese positive Wirkung des Antisemitismus sogar als eine göttliche Fügung.[29]

Die langfristigen Ergebnisse waren bedeutender. Als der Antisemitismus fortdauerte, gründeten die deutschen Juden 1893 schließlich eine nationale Organisation, deren Hauptanliegen es war, die Juden gegen ihre Feinde zu verteidigen.[30] Der ›Centralverein deutscher Staatsbürger jüdischen Glaubens‹ wurde bald – und blieb es bis zur Nazizeit – die größte Organisation der Juden. Während er seine Energie hauptsächlich weiter für jüdische Rechte einsetzte, ließ er zunehmend den Stolz der Juden wachsen und schuf eine erweiterte und vertiefte jüdische Identität. Obwohl der Verein der geschworene Feind des Zionismus wurde, verdammte er hartnäckig die Abtrünnigkeit und predigte das offene Bekenntnis zum Judentum gegenüber den Nichtjuden. Ein Redner der Gesellschaft stellte diese Verteidigung als etwas Heroisches dar und verkündete, daß sie – wie geringfügig auch immer – in der jüdischen Vergangenheit wurzele. »Sind unsere Vorfahren für ihren Glauben muthig und unverzagt in Verbannung und Tod gegangen, so soll man es uns dereinst wenigstens nachsagen, daß wir furchtlos und beharrlich für unsere Rechte gekämpft haben.«[31] Viele religiös indifferente Juden – in Deutschland, Österreich, den Vereinigten Staaten und anderswo – sahen in der Verteidigung ihrer Rechte auf gleiche Behandlung, bei einem gleichzeitigen, wenn auch geringfügigen Anderssein, den Ausdruck ihres Judentums.[32]

Die Dreyfus-Affäre ist ein letztes Beispiel jüdischer Reaktion auf den Antisemitismus des neunzehnten Jahrhunderts. Die französischen Juden hatten sich, ermutigt durch die ihnen während der Französischen Revolution garantierte Gleichheit und unter dem Druck von Napoleons Forderung der Integration, stillschweigend an die Lebensweise ihres Vaterlandes angepaßt. Als in den 1880er Jahren der Antisemitismus aufkam, stützte sich die jüdische Identität auf eine zerbrechliche

Basis ethnischer Abstammung. Die Anklage auf Hochverrat, die 1894 gegen den Generalstabsoffizier Alfred Dreyfus erhoben wurde, ließ an der Loyalität der französischen Juden zweifeln. Mit wenigen Ausnahmen reagierten jüdische Zeitungen, Organisationen und Individuen, indem sie einfach ihre Loyalität zu Frankreich versicherten und den Stimmungsumschwung gering einschätzten.[33] Im Unterschied zu ihren deutschen Glaubensgenossen fanden die französischen Juden nach dieser Prüfung zu keiner neuen Entschlossenheit, vereint als Juden gegen den Antisemitismus in ihrem Land einzustehen. Die Dreyfus-Affäre scheint nur einen zusätzlichen Anstoß zu dem fortschreitenden Prozeß der jüdischen Assimilation in Frankreich gegeben zu haben.

In Deutschland hatte der zwiespältige Einfluß des Antisemitismus auf die jüdische Identität in den 1930er Jahren ein Ende. Der Nationalsozialismus unterschied sich von dem früheren Antisemitismus dadurch, daß er den Fluchtweg in eine stärkere Assimilation oder selbst Konversion versperrte. Da die Kriterien der Nazis für das Judentum im wesentlichen rassische waren, waren die zum Christentum konvertierten Juden der gleichen Diskriminierung ausgesetzt wie die orthodoxen Juden. Der Staat zwang nun allen, die er als Juden ansah, die jüdische Identität auf, ohne deren eigene Gefühle zu berücksichtigen.

Gleichgültig, was sie taten – es sei denn, es gelang ihnen, Deutschland zu verlassen, oder sie wählten den Selbstmord –, konnten die deutschen Juden sich nicht von der Gemeinschaft trennen, der sie zugeordnet wurden. Sie konnten subjektiv ihre von außen aufgezwungene Identität ablehnen und weiterhin behaupten, daß sie nur frühere Juden seien. Aber das schuf zwischen der Art, wie die Juden offiziell oder inoffiziell behandelt wurden, und ihrem eigenen Selbstverständnis eine unerträgliche Spannung. Die Nazis wußten selbst das Verbergen des Judentums durch einen nichtjüdischen Namen zu verhindern, indem sie darauf bestanden, daß jeder männliche Jude zusätzlich den Namen »Israel« und jede Frau den Namen »Sarah« führen mußte. Nur selten konnten einzelne Juden sich das subjektive Bewußtsein bewahren, nicht mehr oder kaum noch jüdisch zu sein, trotz des gelben Sterns, des aufgezwungenen Identitätszeichens, den alle Mitglieder der jüdischen »Rasse« tragen mußten. Die meisten von ihnen reagierten, indem sie den Blick auf eine innere jüdische Landschaft richteten, die seit langem verdorrt war.

Der Antisemitismus der Nazis vor dem Holocaust hatte daher vor allem die Wirkung, auch ein stark geschwundenes jüdisches Bewußtsein wiederherzustellen. Die am meisten assimilierten deutschen Juden fühlten jetzt, oft zum erstenmal in ihrem Leben, das Bedürfnis, sich ihrem Judentum zu stellen und es aufs neue zu bestätigen. Im Alter von vierundzwanzig Jahren war der Nobelpreisträger Fritz Haber um seiner Karriere willen zum Protestantismus übergetreten. Als Direktor eines bedeutenden wissenschaftlichen Instituts wurde er eine einflußreiche Persönlichkeit, besonders, nachdem es ihm gelungen war, Giftgas für das deutsche Heer im Ersten Weltkrieg zu entwickeln. Doch als ein rassischer Jude wurde Haber 1933 gezwungen, seine Stellung aufzugeben. Der Nationalsozialismus machte Haber zu einem Juden, ungeachtet seiner eigenen Gefühle. Er schrieb an Albert Einstein: »In meinem ganzen Leben bin ich nie so jüdisch gewesen wie jetzt.«[34]

Max Liebermann, der bedeutendste deutsch-jüdische Maler, war nie zum Christentum konvertiert und hatte auch nie einen Hehl aus seinem Judentum gemacht. In einigen seiner Werke hatte er sogar jüdische Themen verwandt. Doch Liebermann war in erster Linie Deutscher und ein entschiedener Gegner des jüdischen Nationalismus.[35] In den frühen zwanziger Jahren saß der hebräische Dichter Chajim Nachman Bialik für ein Porträt in Liebermanns Atelier in Berlin und versuchte dabei ständig, den Künstler von den Vorzügen des Zionismus zu überzeugen. Natürlich blieben Bialiks Bemühungen erfolglos. Liebermann glaubte, die Judenfrage wäre bereits gelöst. Aber dann, ein Jahrzehnt später und gerade nachdem Hitler Anfang 1933 an die Macht gekommen war, kamen die beiden Männer wieder miteinander in Verbindung. Der alte Liebermann schrieb an Bialik, der nun in Palästina war, um ihm und Meir Dizengoff, den beiden Kuratoren des Museums in Tel Aviv, zu danken, daß sie ihm zu Ehren einen Raum nach ihm benannt hatten. Nachdem er seine Freude über diese Ehrung ausgesprochen hatte, fuhr Liebermann in diesem wenig bekannten Brief fort: »Grade in diesen schweren Zeiten ist das Gefühl der Zusammengehörigkeit zu meinen jüdischen Glaubensgenossen doppelt erfreulich und tröstlich für die erlittene Entrechtung, unter der die deutschen Juden jetzt zu leben haben. Wie ein fürchterlicher Alpdruck lastet die Aufhebung der Gleichberechtigung auf uns Allen, besonders aber auf den Juden, die, wie ich, sich dem Traume der Assimilation hingegeben hatten. Sie, Herr Bialik, erinnern sich vielleicht der Gespräche, die wir, als ich Sie radieren durfte, über diesen Gegenstand führten und in denen ich zu erklären suchte, warum ich dem Zionismus fern gestanden bin. Heut denke ich anders. So schwer es mir auch wurde, ich bin aus dem Traume, den ich mein langes Leben geträumt habe, erwacht. Leider kann man einen so alten Baum – ich werde im nächsten Monat 86 Jahre alt – nicht mehr verpflanzen.«[36]

Zahlreiche jüngere deutsche Juden, die ebenfalls nicht Zionisten gewesen waren, gingen während der ersten Hitlerjahre nach Palästina. Wer zurückblieb, versuchte, seine ihm von außen wieder aufgezwungene jüdische Identität mit jüdischem Inhalt zu füllen. Synagogen, die während der Weimarer Zeit fast leer gestanden hatten, füllten sich nun mit Juden, die sie als Zuflucht vor der Feindseligkeit aufsuchten, der sie im täglichen Leben begegneten.[37] Lang vergessene Gebete nahmen neue Bedeutung an, als Israel wieder einmal ein abgesondertes Volk wurde. Die jüdische Erziehung wurde zu neuem Leben erweckt, als man jüdische Kinder aus den allgemeinen Schulen wies oder ihr Leben dort durch die drangsalierende Hitlerjugend unerträglich machte. In Berlin und anderen Städten fanden auch die kulturellen Institutionen der Juden ein verstärktes Interesse. Während ihrer schwierigsten Zeit entwickelten die deutschen Juden den bemerkenswerten Plan, sich wieder zu einer jüdischen Identität zu erziehen, vor der es kein Entrinnen gab. Im Rückblick nannte ein Schriftsteller dieses Bemühen paradoxerweise »Aufbau im Untergang«.[38]

Auch in Frankreich erwachte während der kurzen Zeit zwischen der deutschen Besetzung 1940 und dem Beginn der Deportationen ein neues Gefühl für das gemeinsame Schicksal des jüdischen Volkes, das die alte Feindschaft zwischen den in Frankreich geborenen und den osteuropäischen Juden in den Hintergrund drängte.[39] In Polen löschte die von den Nazis aufgezwungene Gettoisierung nicht die Uneinigkeiten unter den bestehenden jüdischen Parteien und ihren verschiedenen Ideologien aus. Doch auch dort brachte der äußere Druck der Gettoisierung jene Juden, die sich am weitesten entfernt hatten, zurück in die jüdische Gemeinde. Zumindest am Anfang gab es in den überfüllten Gettos ein reges jüdisches Leben.

Doch in Deutschland wie in Frankreich oder in Osteuropa war die Wiederbelebung des jüdischen Bewußtseins natürlich kurzlebig. Die Situation verschlimmerte sich, höhlte die geistig-seelische Verfassung der Juden aus und trieb die Selbstmordrate in die Höhe. Für viele kam die neue Bestätigung ihres Judentums erst am Vorabend eines ungewollten Martyriums. Zwar erweckte der Antisemitismus der Nazis in einigen bisher entfremdeten Juden für kurze Zeit die jüdische

Identität noch einmal zum Leben, doch am Ende wurde sie mit dem Leben derjenigen, in denen sie sich regte, vernichtet. Für die Opfer wurde das unentrinnbare Judentum zu einem unentrinnbaren jüdischen Schicksal.

In den folgenden Jahren konnte die Erinnerung an diesen furchtbarsten Antisemitismus nicht ohne weiteres eine jüdische Identität schaffen, wo sie nicht bereits in der Kindheit angelegt war. Jean Améry kam aus Auschwitz mit einer Zahl auf seinem Arm und einem Judentum, das fast ausschließlich aus Angst und Wut bestand. »Keiner kann werden, was er vergebens in seinen Erinnerungen sucht«, schrieb Améry nach dem Krieg. Sein Judentum, das ihm vom Antisemitismus aufgedrängt worden war, resultierte in einem bleibenden Engagement für seine gefährdeten jüdischen Brüder und Schwestern. Doch dies konnte ihm keine jüdische Identität verschaffen. Wieder in Amérys eigenen Worten: »Die Umwelt, in der ich mich bewegt hatte in den Jahren, wo man sein Ich erlernt, war keine jüdische, das läßt sich nicht rückgängig machen. Doch steht die Fruchtlosigkeit der Suche nach meinem jüdischen Selbst keinesfalls als Schranke zwischen mir und der Solidarität mit allen bedrohten Juden der Welt.«[40]

Doch so ironisch es war, daß der Nationalsozialismus den Anstoß zu einer inneren Festigung des Judentums gegeben hatte, nicht minder ironisch ist, daß der Holocaust schließlich ein wesentliches Moment bei der Bewahrung der jüdischen Identität nach dem Zweiten Weltkrieg wurde. Führende Juden in den Vereinigten Staaten forderten eine wiederbelebte jüdische Gemeinde, die fähig sein würde, bis zu einem gewissen Grade den Verlust der osteuropäischen Juden wettzumachen. Später, insbesondere nach dem Eichmann-Prozeß 1961, wurde das Bewußtsein des Holocaust vor allem in der Diaspora zunehmend ein wichtiger Bestandteil des jüdischen Selbstverständnisses. Wenige amerikanische Juden waren Überlebende im wörtlichen Sinne, aber der Gedanke, daß jeder Jude, der in der Zeit nach dem Holocaust lebte, auf irgendeine Weise ein Überlebender war, setzte sich mehr und mehr durch. Während vor der Shoah die amerikanische jüdische Identität für die meisten Juden entweder eine religiös fundierte Moralität oder ein lockeres Band ethnischer Solidarität war, bewirkte das wachsende Bewußtsein des Holocaust in vielen einzelnen ein viel entschiedeneres Gefühl der Zugehörigkeit zum Judentum. Sie waren entschlossen zu verhindern, daß die Identität, die Hitler physisch auszurotten versucht hatte, dem subtileren Druck der Assimilation weichen würde. In Westeuropa ergab die größere geographische Nähe zu den Ereignissen eine stärkere Konzentration auf den Holocaust und ein Gefühl, auf den Ruinen des zerstörten Judentums aufzubauen. Selbst in der Sowjetunion wurde die Erinnerung an die Katastrophe seit den sechziger Jahren ein Brennpunkt für die Wiederbelebung des Judentums.[41]

In den Vereinigten Staaten widmeten die Juden einen großen Teil (manche behaupteten, einen zu großen Teil) ihrer Aktivitäten dem Bemühen, die Erinnerung an den Holocaust am Leben zu erhalten und die gegenwärtig herrschenden Formen des Antisemitismus zu bekämpfen. Die meisten jungen Juden wissen mehr über die Shoah, als über jede andere Periode der jüdischen Geschichte. Kurse über den Holocaust sind an den Colleges und Universitäten viel gefragter als andere Angebote an jüdischen Studien. Eine große Anzahl von Holocaust-Institutionen halten die Erinnerungen durch Ausstellungen, Konferenzen und Informationen lebendig. Während die amerikanischen Juden sich noch immer, zumindest nominell, als orthodox, konservativ, reformistisch oder als rekonstruktionistisch betrachten, hat diese religiöse Identität für die meisten von ihnen nicht dieselbe Bedeutung wie die Möglichkeit einer neuen existentiellen Gefährdung. Es ist in großem Umfang die Erinnerung an den Holocaust und seine Botschaft, die trotz der religiösen Vielfalt die Basis für eine jüdische Einheit bildet. Die Sorge um die Zukunft der *Juden* scheint tiefer zu sitzen als die Sorge um die Zukunft der *jüdischen Religion*.[42]

Damit hat der Antisemitismus in der zeitgenössischen jüdischen Diaspora, besonders in den Vereinigten Staaten, seine zwiespältige Wirkung verloren. Weder die Erinnerung an den Holocaust noch das gegenwärtig relativ geringe Ausmaß an Diskrimination nötigt die Juden, ihr Judentum zu verbergen, geschweige denn abtrünnig zu werden. Im Gegenteil, der Antisemitismus ist besonders als kollektive Erinnerung ein Grundmotiv jüdischer Identifikation. Die Auflösung kommt heute fast ausschließlich von seiten der Aufklärung, durch die offenen Schranken, die den Kontakt zwischen Juden und Nichtjuden nicht länger behindern. Juden heiraten heute nicht, wie vor dem Holocaust, Nichtjuden, um dem Schimpf der Diskriminierung zu entfliehen. Wenn sie untereinander heiraten – was sie weiter in immer größerer Anzahl tun –, geschieht es eher, weil universale Werte den Partikularismus in beiden Religionen überwunden haben. Damit sind die Aufklärung und der Antisemitismus in ihrer Wirkung auf die jüdische Identität in direkten Gegensatz zueinander getreten. Heute dient der Antisemitismus fast ausschließlich dazu, die jüdische Identität zu unterstützen und zu stärken.

Anmerkungen

1 Dies ist natürlich nicht das gleiche wie Jean-Paul Sartres extremer Standpunkt, »c'est l'antisémite qui *fait* le juif« (kursiv im Original). Jean-Paul Sartre, *Réflexions sur la question juive*. Paris 1946, S. 89. Der französisch-jüdische Soziologe Georges Friedmann, der Sartres Standpunkt zwar »scharfsinnig, aber zu einfach« fand, war trotzdem überzeugt, daß der Fortfall des Antisemitismus die historisch konditionierte jüdische Persönlichkeit zutiefst verändern müsse (*The End of the Jewish People?* New York 1967, S. 265-271).

2 Vgl. Ben Halpern, »Reactions to Antisemitism in Modern Jewish History«, in: Jehuda Reinharz (Hg.), *Living with Antisemitism: Modern Jewish Responses*, Hanover, N. H. 1987, S.4 ff.

3 Yizhak Baer, *A History of the Jews in Christian Spain*, Philadelphia 1961, Bd. 1, S. 237-242.

4 Vgl. Z. Diesendruck, »Antisemitism and Ourselves«, in: Koppel S. Pinson (Hg.), *Essays on Antisemitism*, New York 1946, S.41-48.

5 Jüdische Witze sind ein Mittel, die Spannung zu lösen. Sie ermöglichen dem Erzähler, durch den Kunstgriff der Lächerlichkeit emotionalen Abstand von Stereotypen der Juden zu gewinnen. Für einige Beispiele siehe Peter Gay, *Freud, Juden und andere Deutsche. Herrscher und Opfer in der modernen Kultur.* Aus d. Amerikanischen v. Karl Berisch, Hamburg 1986.

6 Celia Heller bemerkt, daß in Polen zwischen den Kriegen die Verfechter der jüdischen Assimilation, die jüdische Eigenschaften als Stigmata betrachteten, »davon so besessen waren, jüdische Charakterzüge als entehrende Symbole zu sehen, daß es zu einem Spiel wurde, in dem sie einander zu übertreffen suchten, diese Züge zu entdecken. Viel von dem Klatsch unter ihnen drehte sich um jüdische Merkmale, die bei anderen in unbewachten Momenten wieder auftauchten, und darum, Leute zu entlarven, die diese bisher erfolgreich verborgen hatten.« (*On the Edge of Destruction: Jews of Poland between the World Wars*, New York 1977, S. 205)

7 Zitiert in Amos Elon, *Herzl*, New York 1975, S. 66.

8 Erik H. Erikson, *Jugend und Krise. Die Psychodynamik im sozialen Wandel.* A. d. Engl. v. Marianne Eckhardt-Jaffé, Stuttgart 1970, S. 58.

76

9 Charakteristisch ist die alte Anekdote über einen osteuropäischen Juden, in auffallend jüdischer Kleidung, der ein Eisenbahnabteil betritt und es sich bequem macht, indem er seine Füße auf das Polster des gegenüberliegenden Sitzes legt. Als ein modisch gekleideter Fremder hereinkommt, nimmt der Jude sofort seine schmutzigen Schuhe vom Sitz und entschuldigt sich bei dem Herrn. Der Neuankömmling spricht ihn an und fragt: »Fahren Sie zu Pessach nachhause?« Daraufhin legt der Jude, der in dem Fremden einen Glaubensgenossen erkennt, ruhig seine Füße zurück auf den Sitz und sagt »*A zoi*« (Ach, so!). Zitiert von Theodor Lessing, *Der jüdische Selbsthaß*, Berlin 1930, S. 30. Darauf beziehen sich auch folgende, in eine hebräische Kurzgeschichte gefaßten Gedanken des osteuropäischen Maskil und frühen Zionisten Perez Smolenskin:

»Was für ein erstaunlicher Name ist doch der Name ›Jude‹! Er hat es in seiner Macht, Freude unmittelbar in Trauer, Liebe in Haß zu verwandeln. In den Häusern des Adels, die sich tanzend und tändelnd mit schönen – und nicht so schönen – Frauen amüsieren, bewegt sich jeder wie unter engen Freunden, Brüdern vom Mutterleib her. Und dann plötzlich entfährt es dem Munde eines von ihnen: ›Der Mann da, er ist Jude!‹ Als sei etwas Entsetzliches geschehen, hat sich der Ausdruck jedes Gesichts verändert, denn dieser Name war, ist (und wer weiß, ob er es nicht auch sein wird?) ein Hemmschuh für diejenigen, die ihn tragen, Furcht und Schrecken für jeden Nichtjuden. Er wird mit Dir essen, sich unterhalten und Geschäfte mit Dir machen; er wird Dir seinen Rat geben und Dich um den Deinen fragen – aber all das nur, wenn er vergißt, wer Du bist. Wenn er sich erinnert, zu welchem Volk Du gehörst, wird all die Brüderlichkeit und Liebe wie Rauch verschwinden. Doch andererseits, im Munde eines anderen Juden, hat dieser Name eine magische Eigenschaft: Er nimmt dem, der ihn hört, alle Angst und Furcht und läßt ihn oft sogar das Gefühl des Respekts vergessen, den jeder Mann einem Größeren gegenüber empfindet. Mit Liebe wendet er sich sogar Menschen zu, die für ihn eben noch völlig Fremde gewesen waren.« *Ha-Schachar* 5, 1873/74, S. 570f.

Gefühle dieser Art bestehen noch heute unter stark integrierten amerikanischen Juden. Eine Umfrage unter Delegierten zur Biennial Conventions of the Union of American Hebrew Congregations and National Federation of Temple Sisterhoods von 1985 ergab, daß 62 Prozent folgender Aussage zustimmten: »Wenn ich jemanden kennenlerne, fühle ich mich entspannter, wenn diese Person Jude ist.« Mark L. Winer et al., *Leaders of Reform Judaism*, New York 1987, S. 57.

10 Eine Umfrage unter jüdischen Studenten in Südkalifornien wies mehr Apathie als Ängste gegenüber ihrer jüdischen Herkunft nach. Ronald Maury Demakovsky, »Jewish Anti-Semitism and the Psychopathology of Self-Hatred«, Ph. D. Dissertation, California School of Professional Psychology, 1978).

11 Der Magen David ist der sechseckige Schild Davids und *Chai* ist das hebräische Wort für »lebt« in dem Ausspruch: »Das Volk Israel lebt.«

12 Eine umfangreiche Literatur befaßt sich mit diesem Thema. Ein kürzlich erschienenes großes Werk, das sich jedoch fast ausschließlich auf Schriftsteller und besonders auf die durch die unangepaßte Sprache von Juden verursachte Scham konzentriert, ist Sander L. Gilman, *Jewish Self-Hatred: Anti-Semitism and the Hidden Language of the Jews*, Baltimore 1986. Eine allgemeinere, doch viel kürzere Arbeit ist Lionel Kochan, *Jewish Self-Hatred*, London 1970. Methodologische Fragen werden erörtert in Paul Morris und Alan Rosenberg, »Another Look at Jewish Self-Hatred«, in: *Journal of Reform Judaism*, Sommer 1989, S. 37-59. Noch immer wertvoll ist der kurze Essay von Kurt Lewin »Self-Hatred among Jews«, in seinem Buch *Resolving Social Conflicts*, New York 1948, S. 186-200. Der Terminus wurde zuerst von Theodor Lessing in *Der jüdische Selbsthaß* gebraucht.

13 Ironischerweise war der Mann, den Marx mit Vorliebe mit jüdischen Schimpfnamen belegte, sein sozialistischer Rivale Ferdinand Lassalle, selbst ein Judenverächter. Als Schüler Hegels übernahm er die Ansichten seines Mentors über das Judentum. 1844, im selben Jahr, in dem Marx' »Zur Judenfrage« erschien, erklärte Lassalle seiner Mutter in streng Hegelschen Begriffen: »Die jüdische Religion ist die Religion der harten Knechtschaft vor dem abstrakten Geiste, Gott.« Ferdinand Lassalle, *Nachgelassene Briefe und Schriften*. Hg. von Gustav Mayer, Stuttgart und Berlin 1921, S. 109. Später erklärte er einer angehenden christlichen Verlobten, um sein eigenes Judentum unwichtig erscheinen zu lassen: »Ich mag die Juden überhaupt nicht, ich verabscheue sie

sogar samt und sonders. Ich sehe in ihnen nichts als die sehr dege-nerierten Söhne einer großen, doch verschwundenen Vergangen-heit. Durch Jahrhunderte der Sklaverei haben diese Männer die Wesensmerkmale von Sklaven angenommen, und aus diesem Grunde bin ich ihnen gegenüber äußerst ablehnend eingestellt.« Übers. aus *Une page d'amour de Ferdinand Lassalle. Récit, corre-spondance, confessions.* Leipzig 1878, S. 49. Lassalle sah ein Bei-spiel solcher Sklaveneigenschaften unter den Juden, die 1840 in Damaskus der Ritualmorde angeklagt worden waren. Er meinte, sie hätten sich in einem gewaltsamen Aufstand gegen ihre Ver-leumder erheben sollen. Ironisch ist auch, daß später die Zioni-sten ähnliche Vorwürfe der Passivität gegen moderne Juden rich-teten. Über Lassalles Verhältnis zum Judentum vgl. Edmund Silberner, »Ferdinand Lassalle: From Maccabeism to Jewish Anti-Semitism«, *Hebrew Union College Annual* 24, 1952-53, S. 151-186.

14 Zu Marx' negativer jüdischer Identität siehe besonders Edmund Silberner, »Was Marx an Anti-Semite?«, in: *Historia Judaica* 11, 1949, S. 3-52, und Isaiah Berlin, »Benjamin Disraeli, Karl Marx and the Search for Identity«, in: *Midstream*, August/September 1970, S. 29-49.

15 »Zur Judenfrage«, zitiert aus *Karl Marx / Friedrich Engels,* Stu-dienausgabe in 4 Bänden, hg. v.. Iring Fetscher, Frankfurt a. M. 1964, Bd. 1, S. 55 f.

16 In der psychoanalytischen Theorie wird Geld mit Exkrementen assoziiert. Seltsamerweise hält Marx es für nötig zu bemerken, daß die jüdische Religion »auch den Abtritt zu einem Gegenstand des göttlichen Gesetzes macht« (ebd., S. 57). An zwei anderen Stellen assoziiert er die Juden mit Unrat. (Silberner, »Was Marx an Anti-Semite?«, S. 32).

17 Die neueste größere Studie über Otto Weininger ist Jacques Le Rider, *Der Fall Otto Weininger. Wurzeln des Antifeminismus und Antisemitismus.* A. d. Franzos. v. Dieter Hornig. Erw. u. über-arb. dt. Ausg., Wien 1985. Le Rider rückt Weiningers Ideen in ihren historischen Kontext, wo sie nicht ganz so seltsam erschei-nen. Doch historische Einflüsse geben nur eine unvollständige Er-klärung. Zu einer Verteidigung Weiningers gegen die Etikettie-rung als »sich selbsthassender Jude« siehe Allan Janik, »Viennese Culture and the Jewish Self-Hatred Hypothesis: A Critique«, in:

Ivar Oxaal et al. (Hg.), *Jews, Antisemitism, and Culture in Vienna*, London 1987, S. 75-88.

18 Otto Weininger, *Geschlecht und Charakter*, München 1980. Nachdruck der 1. Auflage, Wien 1903, S. 406.

19 Ebd., S. 407.

20 »Im deutschsprachigen Bereich war Weininger zu jener Zeit einer der ganz wenigen Intellektuellen, der von einem vielleicht christlichen und vielleicht nihilistischen pessimistischen Gefühl der Sündhaftigkeit allen Lebens erfüllt war. Wie die meisten solcher Männer litt er an seinem Selbst, dem *moi haissable*. Dieser Selbsthaß wandte sich gegen die beiden Elemente in seinem Leben, die er für die Sündhaftigkeit des Lebens und seines eigenen Lebens verantwortlich machte: Sexualität und Judentum« (Hans Kohn, »Eros and Sorrow: Notes on the Life and Work of Arthur Schnitzler and Otto Weininger«, in: *Leo Baeck Institute Year Book* 6, 1961, S. 163). Was Weininger besonders störte, war, daß die Juden Schuld nicht ernst nahmen. Siehe sein *Über die letzten Dinge*, Wien 1918, S. 177f.

21 Ich habe dieses Thema diskutiert in einem Vergleich Englands, Frankreichs und Deutschlands in meinem »Ambiguity and Ambivalence: The Plight of Eighteenth Century Jewry in Western Europe« in: *Religion in the Eighteenth-Century*, Bd. 6 der Publications of the McMaster University Association for Eighteenth-Century Studies, New York 1979, S. 117-135.

22 *Philosophical Dictionary*, hg. v. W. Baskin, New York 1961, Bd. 5, S. 308f.

23 (Isaac de Pinto), *Apologie pour la Nation Juive; ou, Reflexions critiques sur le premier chapitre du VII. Tome des Oeuvres de Monsieur de Voltaire, au sujet des Juifs*, Amsterdam 1762, S. 11 f., S. 17ff., S. 22.

24 Deborah Hertz, »Seductive Conversion in Berlin«, in: Todd M. Endelman, (Hg.), *Jewish Apostasy in the Modern World*, New York 1987, S. 56f.

25 Jonathan Frankel, »Crisis as a Factor in Modern Jewish Politics, 1840 and 1881-82«, in: Reinharz (Hg.), *Living with Antisemitism*, S. 51-55.

26 Allan Tarshish, »The Board of Delegates of American Israelites (1858-1878)«, in: *Proceedings of the American Jewish Historical Society*, 49, 1959/60, S. 16-32.

27 Todd M. Endelman, »Conversion as a Response to Antisemitism in Modern Jewish History«, in: Reinharz (Hg.), *Living with Antisemitism*, a. a. O., S. 59-83.

28 Moritz Lazarus, *Unser Standpunkt: Zwei Reden an seine Religionsgenossen am 1. und 16. Dezember 1880*, Berlin 1881, S. 11.

29 Siehe meinen Beitrag »Great Debate on Antisemitism: Jewish Reaction to New Hostility in Germany, 1879-1881«, in: *Leo Baeck Institute Year Book* 11, 1966, S. 137-70.

30 Die Literatur über den ›Centralverein deutscher Staatsbürger jüdischen Glaubens‹ ist umfangreich. Über seine frühen Jahre siehe Ismar Schorsch, *Jewish Reaction to German Anti-Semitism, 1870-1914*, New York 1972; Jehuda Reinharz, *Fatherland or Promised Land: The Dilemma of the German Jew, 1893-1914*, Ann Arbor 1975; Marjorie Lamberti, *Jewish Activism in Imperial Germany: The Struggle for Civil Equality*, New Haven 1978; Sanford Ragins, *Jewish Response to Anti-Semitism in Germany, 1870-1914*, Cincinnati 1980.

31 Landgerichtsrath Wollstein, »Unser Verhalten gegen den Antisemitismus in politischer, sittlicher, und gesellschaftlicher Beziehung«, in: *Im deutschen Reich* 6, 1900, S. 191.

32 Mitte der achtziger Jahre reagierten österreichische Juden auf den dortigen Antisemitismus mit der Gründung der Österreichisch-Israelitischen Union. Wie der ›Centralverein‹, der fast ein Jahrzehnt später gegründet wurde, suchte die Union den Juden Stolz einzuflößen und konzentrierte bald ihre Aktivitäten auf die Verteidigung der Juden. Siehe Marsha L. Rozenblit, *The Jews of Vienna, 1867-1914: Assimilation and Identity*, Albany 1983, S. 153-158; Jacob Toury, »Troubled Beginnings: The Emergence of the Österreichisch-Israelitische Union«, in: *Leo Baeck Institute Year Book* 30, 1985, S. 457-475. Juden in den Vereinigten Staaten gründeten 1906 das American Jewish Committee, um die Rechte der Juden nach den russischen Pogromen von 1903 und 1905 zu schützen. Das Komitee, die Anti-Defamation League of B'nai B'rith (gegründet 1913) und der American Jewish Congress (endgültig gegründet 1922) entstanden alle in Reaktion auf den andauernden und wiederaufkommenden Antisemitismus im 20. Jahrhundert in und außerhalb der Vereinigten Staaten. Alle bedeuteten für eine große Anzahl amerikanischer Juden eine Stärkung

ihrer Identität, auch für solche, die sonst nicht aktiv am jüdischen Leben teilnahmen.

33 Michael R. Marrus, *The Politics of Assimilation: A Study of the French Jewish Community at the Time of the Dreyfus Affair*, Oxford 1971.

34 Zitiert in Fritz Stern, *Der Traum vom Frieden und die Versuchung der Macht. Deutsche Geschichte im 20. Jahrhundert.* Aus d. Engl. v. Renate Grasstat u. a., Berlin 1988, S. 87

35 Siehe Gay, *Freud, Juden und andere Deutsche*, a.a. O., S. 122 f., S. 125-129

36 Moshe Ungerfeld, *Bialik ve-sofre doro* (Bialik und die Schriftsteller seiner Generation), Tel Aviv 1974, S. 155.

37 Herbert A. Strauss und Kurt R. Grossmann, (Hg.), *Gegenwart im Rückblick: Festgabe für die jüdische Gemeinde zu Berlin 25 Jahre nach dem Neubeginn*, Heidelberg 1970, S. 231-247.

38 Ernst Simon, *Aufbau im Untergang: Jüdische Erwachsenenbildung im nationalsozialistischen Deutschland als geistiger Widerstand*, Tübingen 1959; Herbert Freeden, *Jüdisches Theater in Nazideutschland*, Tübingen 1964; die Essays im *Leo Baeck Institute Year Book* 1, 1956, S. 68-162; und diejenigen in Arnold Paucker (Hg.), *The Jews in Nazi Germany, 1933-43*, Tübingen 1986.

39 Yerachmiel Cohen, »The Jewish Community of France in the Face of Vichy-German Persecution«, in: Frances Malino und Bernard Wasserstein (Hg.), *The Jews of Modern France*, Hanover, N. H. 1985, S. 181-204.

40 Jean Améry, »Über Zwang und Unmöglichkeit, Jude zu sein«, in: *Jenseits von Schuld und Sühne: Bewältigungsversuche eines Überwältigten*, München 1966, S. 131-159, hier: S. 134 u. 154.

41 Shmuel Ettinger, *Ha-antischemiyut ba-et ha-chadasha* (Antisemitismus in der Moderne), Tel Aviv 1978, S. 252f.

42 Der Soziologe Nathan Glazer bezog sich hierauf, wenn er kürzlich Zweifel über die Zukunft des Judentums in Amerika äußerte, aber behauptete, daß die amerikanischen Juden politisch sicher seien. Er wurde darin weithin mißverstanden. Sein Pessimismus über das jüdische Leben in Amerika, so glaubte man, könne nur durch die Angst vor Antisemitismus ausgelöst worden sein. (»*American Judaism* Thirty Years After«, in: *American Jewish History* 77, 1987, S. 283).

Zion
Das jüdische Volk
als Zentrum

In der reichen geistigen Schatzkammer der jüdischen Religion findet sich kein stärkeres Symbol als Zion. Wie Sinai das Verschmelzen einer lose zusammenhängenden Gruppe von Israeliten in ein Volk bedeutet, das einen Bund mit Gott schloß, so repräsentiert Zion die Erfüllung dieses Bundes. Der Berg Zion in Jerusalem war der Ort, zu dem man dreimal jährlich pilgerte, um Gott zu ehren. Nachdem die Römer den Zweiten Tempel zerstört hatten und das Heilige Land verloren war, symbolisierte Zion zugleich die Erinnerung an die vergangene Herrlichkeit und die Hoffnung auf eine noch herrlichere Zukunft. Als ein messianisches Symbol bedeutete Zion die Rückkehr des Volkes in sein Land und die Erlösung Israels und der gesamten Menschheit. In nicht geringem Maße ließ der unerfüllte Traum von Zion die Juden stärker an ihrem Glauben festhalten.

Die jüdische Aufklärung versuchte nicht, die außerordentliche Symbolkraft Zions zu zerstören. Sie veränderte nur seine Konturen. Die Vernunft entkleidete die Idee ihrer wundersamen Elemente; der Universalismus rückte statt der besonderen Erlösung Israels den über alle Nationen herrschenden Frieden in den Mittelpunkt. Doch sofern sie überhaupt Juden blieben, konzentrierten die Rationalisten und Universalisten ihre jüdische Identität auf die Zukunft eines unerreichten Ideals. In den Propheten des alten Israel fanden jüdische Modernisten die Vision eines universalen Zion, dessen symbolischer Mittelpunkt Jerusalem war. Juden im Westen behaupteten, daß aufgrund dieses messianischen Auftrags das Überleben der Juden notwendig und die Abkehr vom Judentum wegen Diskriminierung und Verfolgung ein Verrat an

Israels Mission sei. Der Antisemitismus sei das Zeichen, daß die Juden für die Verwirklichung eines Ideals leiden mußten, das von der übrigen Welt abgelehnt wurde. So wirkte der jüdische Messianismus weiterhin, wie in früheren Zeiten, als eine zentrale Kraft, die Juden in der gemeinsamen Überzeugung vereinte, daß Zion noch nicht verwirklicht sei. Jude zu sein hieß – jenseits alles dessen, was es sonst noch bedeutete –, daß man sich das tiefverwurzelte Bewußtsein bewahrte, in einer unerlösten Welt zu leben.

Zion galt aber auch als ein Symbol der Trennung. Traditionelle Juden warteten darauf, daß Gott den Messias schicken würde, um Israel in sein Land zurückzuführen. Ihre Vorstellung von Zion war mit wieder eingeführten Tieropfern in einem wiederaufgebauten Tempel verbunden. Sie glaubten, die Erlösung beschleunigen zu können, wenn sie gewissenhafter als zuvor an der Moral und den von Gott vorgeschriebenen rituellen Gesetzen festhielten. Moderne, emanzipierte religiöse Juden hingegen, stellten entweder die Rückkehr nach Zion hintan, indem sie sie auf eine ferne Zukunft verschoben und sie damit jeglicher unmittelbaren politischen Konsequenzen entledigten (wie die moderne Orthodoxie), oder sie gaben die Hoffnung auf eine Rückkehr völlig auf und entfernten sie aus der Liturgie (wie die Reformjuden). Die jüdischen Sozialisten setzten an ihre Stelle eine eigene messianische Vision, in der nicht nur Israel, sondern die gesamte leidende Menschheit der weltlichen Erlösung bedurfte.

Die moderne zionistische Bewegung lehnte sowohl die ältere Bindung an Zion wie auch ihre neue Interpretation ab. Der Zionismus sah die Abneigung der traditionellen Juden, das tatsächliche Zion im Land Israel gegen ein universales Ideal einzutauschen, positiv. Und er versuchte sogar, etwas von der unverändert kleinen Welt der noch immer nicht modernisierten Juden in Osteuropa wiederzuerlangen. Dagegen konnte er die tief verwurzelte, göttlich sanktionierte Passivität nicht hinnehmen, die sich auf den Glauben gründete, daß Erlösung nicht durch menschliches Handeln herbeigeführt werden würde. Zionist zu werden hieß für einen Juden, persönliche Verantwortung für das Schicksal seines Volkes zu übernehmen.

Das Verhältnis des Zionismus zur Aufklärung war ähnlich. So wie der Zionismus ohne die jahrtausendalte, vom Judentum durch Generationen genährte Hoffnung auf Rückkehr nicht möglich gewesen wäre, so war das Erbe der Aufklärung notwendig, um die Schwerkraft der Tradition zu überwinden. Und es war die von der Aufklärung beeinflußte säkulare Analyse, die die Zionisten bestimmte, die Anschauung abzulehnen, daß das Exil und der Antisemitismus Gottes Strafe für Israels uralte Sünden seien. Der Glaube an das Wirken der Vernunft in der Welt gab den politischen Zionisten den Anstoß, ihre kühnen Pläne zu entwickeln. Die Aufklärung hatte jedoch zu einer Assimilation geführt, die jungen Zionisten im Westen aus ihren eigenen Familien vertraut war. Der jüdische Universalismus höhlte die Überlebensfähigkeit des Judentums aus. Die aufgeklärten Juden hatten eine nur geringe Fähigkeit gezeigt, dem zermürbenden Ansturm des Antisemitismus Widerstand zu leisten. Aus Angst, Anstoß zu erregen, ließen sie ihr Judentum verkümmern. Die Notwendigkeit, immer wieder den politischen Systemen und nationalen Werten der Staaten, in denen sie lebten, ihre Loyalität zu erweisen, hatte die westlich orientierten Juden gezwungen, die jüdische Identität in die engen Grenzen religiöser Zugehörigkeit zu verbannen. Zionist zu werden hieß daher, die gefährlichen Auswirkungen der Aufklärung und des Antisemitismus zu überwinden, sogar dann, wenn man sich deren Vorteile zunutze machte. Hinfort würde die Vernunft nationalen Zwecken dienen, der Antisemitismus würde nicht nur die Assimilation verlangsamen, sondern seine unglücklichen Folgen würden auf den Zionismus als der einzig angemessenen Lösung der allgegenwärtigen »Judenfrage« verweisen. Der Zionismus begann somit, alte und neue Strömungen, die von innen und außen auf die jüdische Identität einwirkten, umzuleiten und ihre Energie zu nutzen, um eine neue Bewegung zu formen.

Die Anhänger der Bewegung wichen in der genauen Wesensbestimmung der zionistischen Identität stark voneinander ab.[1] Die religiösen Zionisten, für die der Zionismus eine natürliche Entwicklung des Judentums war, standen der Tradition am nächsten. Sie befürworteten eine Besiedlung des Landes und konnten das zionistische Wagnis als die Anfangsstufe der versprochenen Erlösung betrachten. Sie betonten jedoch, endgültig würde sie die Hand Gottes vollziehen. Für sie ersetzte der Zionismus nicht die ältere Form der jüdischen Identität. Sie sahen sich noch immer grundsätzlich als Juden im präzionistischen Sinne, doch waren sie bereit, mit den säkularisierten Zionisten zusammenzuarbeiten. Im endgültigen Sinne bedeutete Zion für sie noch immer der Wiederaufbau des Tempels und die Gründung einer Gesellschaft, die vollkommen vom jüdischen Gesetz regiert wurde. Sie machten ihren Zionismus davon abhängig, daß die Bewegung in Fragen der Religion und Kultur ihre Neutralität bewahrte.

Die religiösen Anhänger verbündeten sich am engsten mit den politischen Zionisten, deren prominentester Sprecher Theodor Herzl war, der Gründer der internationalen zionistischen Bewegung. In Herzls Vision war ein Mangel an Definitivem, der es den traditionellen Juden, die es zum Zionismus zog, leichter machte, mit ihm zusammenzuarbeiten. Die politischen Zionisten waren im allgemeinen bereit, inhaltliche Fragen des Judentums zurückzustellen. Sie wollten die Juden vor allem vor den physischen und geistigen Folgen des Antisemitismus retten. Die jüdische Gesellschaft im Lande Israel, die Herzl vorschwebte, würde sich den aufgeklärteren Gesellschaften Europas annähern. Innerhalb der Gesellschaft würde die jüdische Religion im wesentlichen die Rolle beibehalten, die sie in der Diaspora spielte. Herzl versuchte weder das Judentum zu säkularisieren noch die Religion in der nationalen Kultur aufgehen zu lassen. Obwohl der politische Zionismus mit seiner Behauptung, der Antisemitismus sei ein dauerndes Kennzeichen des jüdischen Lebens in der Diaspora, den westlichen Juden ihr Sicherheitsgefühl nahm, wandte er sich nicht gegen irgendwelche besonderen jüdischen Ausdrucksformen. Er wandte sich nicht gegen die religiöse Einstellung der modernen Orthodoxie oder des Reformjudentums im Westen; er kritisierte nicht die traditionellen Werte, die noch im Osten hochgehalten wurden. Um politischer Zionist zu werden, genügte lediglich die Überzeugung, daß die Juden in Bedrängnis – irgendwo auf der Welt – eine sichere Zuflucht brauchten. Wie der Zionismus von Louis Brandeis in den Vereinigten Staaten beweist, erforderten derartige philanthropischen Gefühle und die daraus folgenden Aktivitäten nicht unbedingt eine Neuorientierung persönlicher Loyalitäten und Werte. Anderen Juden im Westen, besonders denen ohne festen religiösen Glauben, verhalf der politische Zionismus zu einer neuen nationalen Identität, doch nur sehr selten gab er den Anstoß zu einer radikalen Veränderung ihrer Lebensweise.[2]

Für die bestehenden Formen jüdischer Identität bot der kulturelle Zionismus die ernstere Herausforderung. Achad Ha-Am, sein Schöpfer und Hauptsprecher, war dem Glauben nach Agnostiker, in der Praxis ein nicht-halachischer Jude. Für ihn war, anders als für Herzl, der Zionismus nicht in erster Linie eine Angelegenheit der äußeren Bedingungen. Er war weniger eine Frage der Veränderung der Verhältnisse, in denen die Juden lebten, als der Veränderung der Juden selbst. Herzls Ziel war, Juden wie ihm selbst – Europäern jüdischen Glaubens – ihren eigenen Staat zu geben, in dem sie in Frieden, frei von der Geißel des Antisemitismus, leben konnten.

Achad Ha-Am wollte das innere jüdische Selbst der Juden verwandeln. Religion sollte nicht länger ihre unerläßliche Substanz sein.

Doch seit Anbeginn der jüdischen Geschichte war der Glaube an den Gott Israels ein sine qua non des Judeseins gewesen. Bis zur Neuzeit gab es keinen Mittelweg zwischen dem Glauben an den Gott, der den Juden seinen Willen offenbart hatte, und der Bekehrung zu einer anderen Religion. Noch im neunzehnten Jahrhundert griffen Juden in West- und Mitteleuropa – ganz gleich, wie stark sie sich kulturell assimiliert hatten, und ganz gleich, wie wenig Zeit sie in der Synagoge verbrachten –, nie offen die religiöse Grundlage der jüdischen Identität an. Selbst wenn die Juden im Westen kaum mehr gläubig waren, definierten sie ihr Judentum in religiösen Begriffen, denn das war die Art der Unterscheidung, die ihnen in der jeweiligen Gesellschaft, die wenig Toleranz für einen kulturellen Pluralismus besaß, erlaubt war. Aufgeklärte Juden in Osteuropa hatten ein etwas besseres Verständnis für eine jüdische Identität, die den Glauben und die Gebräuche ihrer Religion abgestreift hatte. Doch sobald die radikaleren Maskilim säkularistisch geworden waren, ließen sie sämtliche Elemente der jüdischen Identität hinter sich zurück. Sie lösten ihre Bindung zum Judentum, betrachteten sich nur als von Juden abstammend, während sie sich im positiven Sinne als Mitglieder eines universalen Proletariats oder einer aufgeklärten Menschheit fühlten. Selbst das Hebräisch, das sie untereinander sprachen, wich der russischen Sprache. Obwohl jüdische Sozialisten, Mitglieder des »Bundes« (die marxistische allgemeine Vereinigung jüdischer Arbeiter), am Jiddischen als der säkularen Sprache des jüdischen Proletariats festhielten, benutzten sie es nur als ein Instrument, um die Massen im jüdischen Ansiedlungsrayon zu erreichen. Der Säkularismus schien unausweichlich aus dem Judentum herauszuführen.

Achad Ha-Am, der osteuropäische jüdische Intellektuelle, versuchte diesen Trend umzukehren: Er versuchte die Säkularisten zurück in die jüdische Einflußsphäre zu ziehen, indem er einen Zionismus schuf, der nicht nur ein politisches Programm verfocht, sondern auch Träger einer vollkommenen jüdischen Identität sein würde. Er wollte zeigen, daß ein säkularer Jude nicht ganz ohne Zusammenhang mit einer von der Religion beherrschten jüdischen Vergangenheit war. Deshalb konzentrierte er sich auf die Elemente in der jüdischen Geschichte, mit denen auch philosophische Positivisten wie er selbst übereinstimmen konnten. Prophetische Moral, das pharisäische Gleichgewicht von Körper und Intellekt sind ihm zufolge Werte, mit denen man sich noch immer identifizieren konnte. Mehr noch, sie würden die Juden auch in der Zukunft ebenso absondern, wie es in der Vergangenheit der Fall war.

Achad Ha-Ams Denken zeigt eine wichtige Verschiebung im Begriff jüdischer Identität. Das Judentum in seinem Sinne war kein Festhalten an einer Reihe von Glaubensinhalten und Gebräuchen. Es bedeutete vielmehr, teilzuhaben an dem Geist, der diese geschaffen hatte. Der jüdische Geist, der das Volk durch die Jahrhunderte inspiriert hatte, hatte die jüdische Religion hervorgebracht. Ihm verdankten die Juden aber auch ihre intellektuellen und kulturellen Errungenschaften im weiteren Sinne. Die Religion war historisch gesehen seine wichtigste Komponente, doch sie war nicht seine eigentliche Substanz. Es war kein Wunder, daß Achad Ha-Ams geistiger oder kultureller Zionismus zur bête noir für religiöse Juden jeglicher Richtung im Osten wie im Westen wurde.[3] Sie lehnten, ob orthodox oder reformiert, ob aus religiösen oder politischen Gründen, eine jüdische Identität entschieden ab, die den Säkularismus als ebenso jüdisch wie den religiösen Glauben akzeptierte.

Für Achad Ha-Am verkörperte Zion das Ziel des jüdischen

Geistes. Nach Zion zurückzukehren bedeutete nicht nur die Rückkehr ins Land Israel, sondern dort sollte auch eine neue Blütezeit der jüdischen Kultur entstehen. So wie die Juden außerhalb der Kontinuität der jüdischen Geschichte nicht überleben konnten, so waren sie auch keiner intellektuellen und kulturellen Produktivität fähig, solange sie von dem Land getrennt lebten, das in ferner Vergangenheit ihren Geist genährt hatte. Andere jüdische Nationalisten widersprachen ihm. Simon Dubnow, der Historiker der Juden, war nicht weniger überzeugt als Achad Ha-Am, daß die säkulare jüdische Identität in der jüdischen Vergangenheit verwurzelt sein müsse. So versuchte er in seinem historischen Werk darzustellen, daß der kollektive Geist der Juden gemeinschaftliche Institutionen geschaffen hatte, deren eigentliche Natur und Funktion durch das Bedürfnis, sie »allmählich und künstlich in die Sphäre der Religion« einzubringen, verhüllt worden waren.[4] Doch im Unterschied zu Achad Ha-Am behauptete Dubnow, daß der jüdische Geist auch außerhalb des Landes Israel gedeihen könne. Seine Form nationaler jüdischer Identität war in einem gewissen Sinne die reinere. Sie konnte durch den Willen des Volkes überall innerhalb kulturell autonomer jüdischer Gemeinden verwirklicht werden. Die jüdische Kreativität bedürfe nur der Landschaft jüdischer Erinnerung, nicht des physischen Landes Israel.[5]

Achad Ha-Am und Dubnow beklagten beide die engen Grenzen, in die das neuzeitliche rabbinische Judentum den jüdischen Geist verbannt hatte. Umgekehrt waren sie überzeugt, daß sich durch eine innere Wiederbelebung dieser Geist wieder zu dem Reichtum entfalten könne, den er in früheren Perioden der jüdischen Geschichte besessen hätte. Beide Männer wünschten, daß die jüdische Kultur sich in der Zukunft durch eine reich entfaltete intellektuelle Kreativität auszeichnen würde. Doch es gab andere jüdische Nationalisten, die meinten, all das ginge nicht weit genug. Sie fanden, daß Achad Ha-Am, trotz seines Säkularismus, wegen seiner intellektualistischen und streng moralischen Einstellung noch immer zu sehr ein Jude im herkömmlichen Sinn war. Er war nicht bereit, in die jüdische Kultur irgendwelche Werte aufzunehmen – wie etwa die Nietzsches –, die seiner Meinung nach der moralischen Orientierung des Judentums vollkommen fremd waren.[6] Radikalere Ideologen wollten nicht nur dem Säkularismus mehr Platz innerhalb einer nationalen jüdischen Identität einräumen, sie bestanden auf der Freiheit, Lehren einzuführen, die in starkem Gegensatz zur jüdischen Tradition standen, selbst wenn man diese Tradition in einem weiteren Sinne interpretierte. Der jüdische Intellektualismus, verbunden mit einer unversöhnlichen Ablehnung der Sinnenfreude, war in ihren Augen eine ebenso unannehmbare Form der Identität wie die orthodoxe Religion.

Die Ansicht, daß die Charaktereigenschaften der Juden – nicht nur ihre Ideologie – sich ändern müßten, gab es bereits seit den Anfängen der zionistischen Bewegung. Schon 1882 hatte Leo Pinsker sich bitter über den schädlichen Einfluß des Antisemitismus auf den jüdischen Charakter beklagt. Er habe die Juden ihrer Selbstachtung, ihrer Menschenwürde und ihres nationalen Willens beraubt. Die Wiederherstellung einer jüdischen Nation erfordere daher eine psychologische Veränderung, die Pinsker »Autoemanzipation« nannte. Nur nachdem die Juden sich selbst verändert hätten, könnten sie hoffen, ihre Stellung in der Welt zu verbessern. Spätere Zionisten überlegten sich, welche Eigenschaften die Diasporajuden haben müßten, um fähig zu sein, eine Nation aufzubauen. Max Nordau, einer der engsten Mitarbeiter Herzls, war nicht nur Atheist, er verneinte auch im Gegensatz zu Achad Ha-Am, daß die historische Kontinuität wichtig sei. »Wenn die Juden vom Wunsche entflammt sind, ein neues Zionsreich aufzurichten«, schrieb er, »so schöpfen sie die Anregung dazu weder aus der Thora noch aus der Mischna, sondern aus der

Noth der Zeit.«[7] Was die Juden entwickeln müßten, behauptete Nordau, sei weniger ihr Geist als ihre Muskeln. Zionismus erfordere einen neuen, körperlich tüchtigen Juden, nicht lediglich einen offeneren und säkularisierten jüdischen Geist. Auf lange Sicht könne nur dieser neue Jude, der Zionist, das jüdische Volk retten.[8]

Micha Josef Berdyczewski, der prominente hebräische Schriftsteller, lehnte sich in ähnlicher Weise gegen die übertriebene jüdische Vergeistigung auf. Die enge Konzentration auf den Geist, meinte er, habe zur Vernachlässigung des sinnlichen, irdischen Lebens geführt. Jedoch erkannte er im Unterschied zu Nordau und wie Achad Ha-Am die Bedeutung des historischen Beispiels, um eine kollektive Identität zu erhalten. Daher rief er die Perioden und Ereignisse der jüdischen Vergangenheit ins Bewußtsein, die ein völlig anderes Selbstverständnis bestätigten. Besonders attraktiv waren für Berdyczewski und seine Anhänger die Makkabäer, die antiken Vorkämpfer für die nationale Unabhängigkeit. So stand bald in zionistischen Kreisen das jüdische Heldentum im Mittelpunkt des Chanukka-Festes an Stelle des Wunders vom Ölkrug, dessen Vorrat acht Tage lang reichte. Auch Simon Bar-Kochba, der gescheiterte Messias des zweiten Jahrhunderts, wurde von den Zionisten rehabilitiert. Um ihre neue Identität zu veranschaulichen, bezeichneten die Zionisten sich oft statt als Juden als Hebräer.

Einige Zionisten fanden die historische Kontinuität mehr in der Form als im Inhalt. Elieser Ben-Jehuda, der maßgebend zur Wiederbelebung des gesprochenen Hebräisch beitrug, glaubte, daß die Sprache der jüdischen Vorfahren einen Ersatz für die Tradition bieten könnte. Die alten Worte könnten neue Ideen einkleiden und sie damit weniger fremd erscheinen lassen. Nahum Sokolow betonte die außerordentliche Bedeutung des Hebräischen in besonders nachdrücklichen Worten: »Die hebräische Sprache ist unser nationaler Besitz.

Jedes hebräische Wort ist ein Echo der gesamten Nation; jedes hebräische Wort gibt uns unsere Vergangenheit wieder, belebt unsere Gegenwart und gibt uns Vertrauen in die Zukunft.«[9] Neben der alten Sprache konnten die Zionisten ihre Identität in dem Land verwurzeln, das Erinnerungen an die Zeiten nationaler Unabhängigkeit weckte. Seine sonnigen Felder, auf denen tapfere Pioniere den Boden bestellten, zeigten ein zionistisches Gegenbild zur ›Ghetto Jeschiwa‹, wo blasse Studenten sich mit schwierigen Texten abmühten. Das mangelnde Gleichgewicht der Juden zwischen Geschichte und Natur würde wiederhergestellt.

Im Bemühen, den durch die fehlende Kontinuität entstandenen Riß zu heilen, kamen einige Zionisten über die äußeren Kriterien des Landes und der Sprache hinaus auf die Idee der Rasse. Der neue Jude – oder der post-jüdische Zionist – mochte wenig mit den meisten Juden seiner eigenen und denen früherer Generationen gemeinsam haben, doch er war mit ihnen durch Bande des Blutes verbunden. Es war diese biologische Bindung, die allen weltanschaulichen Verschiedenheiten zugrunde lag. Ein Zionist, Josua Thon, schrieb 1912: »Die Einheit der Juden liegt in ihrem Volkstum und ihrer Rasse; die zwölf Millionen Juden, die über alle Welt verstreut sind, sind in der Tat ein Volk aufgrund des Blutes, das in ihren Adern fließt.« Diese Rasse würde bald einen neuen, intellektuell und moralisch überlegenen Menschen hervorbringen, in den Worten Thons »ein erhabener Menschentyp, der selbstbestimmt sein würde, der aus seinem klaren Intellekt, seiner inneren Kraft und seinen von Erbarmen und Liebe überströmenden Gefühlen heraus handeln würde«.[10]

Einer der strittigsten Punkte innerhalb der zionistischen Bewegung war die Frage der Normalität. Das moderne Judentum im Westen hatte aus der Anomalität der jüdischen Existenz in der Diaspora eine Tugend gemacht. Sein Sendungsbewußtsein und messianisches Streben basierten auf

der Einzigartigkeit des Judentums und der jüdischen Existenz, die unter den Nationen verstreut war. Einige Zionisten
nahmen die Erwähltheit Israels in ihr zionistisches Denken
auf. Die neue Gesellschaft, die sie im Land Israel zu gründen
beabsichtigten, würde ein noch helleres »Licht für die Nichtjuden« sein als die jüdischen Gemeinden in der Diaspora, die
notwendigerweise unfähig waren, ein eigenes, vollständiges
gesellschaftliches Modell zu schaffen. So war im Zionismus
nicht nur das messianische Element der Rückkehr, sondern
auch etwas von den universaleren Bestrebungen enthalten,
die auf den Einfluß der Aufklärung zurückgingen. In den Reihen der zionistischen Bewegung wirkten jedoch auch Ideologen der Normalität, die einen Staat und eine Gesellschaft
gründen wollten, die sich nicht von denen anderer Nationen
unterscheiden sollten. Ein Zionismus mit dieser Forderung
der Normalität wandte sich gegen alle Formen der jüdischen
Identität in der Diaspora; sein Ideal entsprach auf nationaler
Ebene den Assimilationstendenzen einzelner Juden, die
ebenfalls Unterschiede zwischen jüdischer und nichtjüdischer
Welt wollten.

Die zionistische Bewegung unterschied sich nicht nur von
den vielen Juden in der Diaspora, die sie lange ablehnten, sie
war auch selbst in vielen Fragen gespalten. Ihr Ideal lag in der
Zukunft; der nationale Jude hatte sich in der Tat noch nicht
hinlänglich entwickelt. Einige Zionisten räumten auch ein,
daß die Juden in ihrer Gesamtheit noch nicht wirklich ein
Volk waren. »Wir sind noch nicht ein Volk, sondern nur
(einzelne) Juden«, klagte Achad Ha-Am und wiederholte
damit, was Pinsker schon festgestellt hatte.[11] Wie sehr auch
die zionistische Bewegung die nationale Zusammengehörigkeit der Juden betonte, sie konnte dem Judentum in der Welt
kein einheitliches Bild des neuen zionistischen Juden vermitteln. Würde er oder sie säkular oder religiös sein, an die jüdische Normalität oder an die Auserwähltheit glauben, kultu-

rell ein Europäer sein, der in einem jüdischen Staat lebte, oder umgekehrt, kulturell ein Jude, der aus dem jüdischen Geist heraus im alten Land eine besondere jüdische Kultur schaffen würde? Ironischerweise führte die Bewegung, deren Ziel es war, das jüdische Volk zu vereinen, zu beträchtlicher Uneinigkeit. Doch indem das Ideal des politischen Zionismus sich im Schatten des Nationalsozialismus und des Holocaust zu verwirklichen begann, schwand die äußere Opposition der Juden zunehmend. Sobald einmal deutlich wurde, daß der Antisemitismus kein Überbleibsel der Vergangenheit war, wurde die Sympathie für die Bemühungen, eine Zufluchtsstätte für verfolgte Juden zu schaffen, zu einem integralen Bestandteil des Judeseins. Sah man das Wesen des Zionismus aus einer anderen Perspektive, so erschien die Vielfalt der Auffassungen als ein Zeichen der Stärke. Juden verschiedener politischer, religiöser und kultureller Orientierung konnten eine Richtung des Zionismus finden, die mit ihren Ansichten übereinstimmte. Und so hatte bis 1948 der Zionismus die vereinigende Kraft des jüdischen Volkes ganz in den Mittelpunkt gestellt. Mit der Gründung des Staates Israel stand die zentrale Bedeutung des Zionismus für die jüdische Identität nicht länger zur Diskussion.

Doch der Staat Israel selbst warf neue und unvorhergesehene Fragen der jüdischen Identität auf. Allein sein Name stellte ein Problem dar: *Israel* war die Bezeichnung, mit der Gott das ganze Volk angeredet hatte. Alle Juden waren *Israel*. Doch hinfort konnten nur diejenigen, die Bürger des neuen Staates waren, diese Bezeichnung ganz beanspruchen. Traditionelle Bezeichnungen wie »Rabbi in Israel« erforderten nun eine nähere Erklärung. Es wurde notwendig, genau zu erklären, ob man das Volk oder den Staat meinte. Der Begriff *Israeli* war von Anfang an mehrdeutig. In seinem präzisesten, juristischen Sinne war damit jeder Bürger des Staates gemeint – »eine Person, die einen israelischen Ausweis besitzt«, lautet eine Definition.[12] Demnach waren Nichtjuden inbegriffen. Doch *Israeli* ist nicht nur eine Bezeichnung des politischen Status. Über die Staatsbürgerschaft hinaus ist es auch eine Kategorie der ethnischen Identität. Unter einem Israeli wird allgemein ein Jude verstanden, der ständig in dem Land seiner Vorfahren lebt.[13] Selbst für die nichtjüdischen Bürger Israels, die sich durchaus als Israelis verstehen, gilt dies nicht in demselben Sinne. Ein israelischer Araber muß eine gewisse Ambivalenz in bezug auf seine politische Identität empfinden. »Mein Land, Israel, führt Krieg mit meinem Volk, den Arabern«, sagte einer von ihnen.[14]

Der Begriff *Israeli* ist nicht weniger problematisch für die israelischen Juden. Es ist der Begriff der Identität, der die Existenz im Heimatland von der Existenz in der Diaspora trennt. *Jude* und *Zionist* sind Identitätsbezeichnungen, die das jüdische Volk vereinen; der Begriff *Israeli* trennt. Gerade dieser Name ist es, der in Diskussionen betont wird, die diese zwei Arten von Juden unterscheiden.[15] Juden, die aus den Vereinigten Staaten einwandern, sind weiterhin Juden und Zionisten, doch sie nehmen auch die neue Identität als Israelis an. Das Wesen dieser Identität besteht in einer Vermischung der Werte, von denen viele im frühen Zionismus wurzeln. Im Gegensatz zu den Diaspora-Juden halten sich die Israelis für unabhängig, stolz und furchtlos. Dem geborenen Israeli, dem Sabra, fehlt, da er den Antisemitismus nicht kennt, die Überempfindlichkeit gegenüber den Meinungen von Fremden. Als Israeli ist die Identität des Sabra in seiner eigenen kurzen, doch turbulenten Geschichte verwurzelt.

Die zionistische Identität der Israelis ist viel weniger offensichtlich. Die große Mehrheit der jüdischen Israelis betrachtet sich als Zionisten,[16] doch sie sind nicht ganz sicher, was dies nach 1948 bedeutet. Einige setzen den Zionismus einfach mit israelischem Patriotismus gleich. Für sie – als Juden, die in einem jüdischen Staat leben – ist der Zionismus nur eine Verpflichtung, mit der Besiedlung des Landes und dem Aufbau der Nation fortzufahren, die von den ersten Pionieren begonnen wurden. Für andere bedeutet er ihren Zusammenhang mit dem weitverstreuten jüdischen Volk außerhalb Israels. Eine Umfrage, die während des Jom Kippur-Krieges vorgenommen worden war, zeigte, daß 96 Prozent der Israelis sich als Teil dieses jüdischen Volkes fühlen.[17] Ihr Zionismus verlangt von ihnen Solidarität mit den physisch oder geistig unterdrückten Juden überall auf der Welt und vor allem, sie zur Einwanderung nach Israel zu ermutigen. Viele meinen, dies bedeute auch umgekehrt, daß alle Juden zum Staat Israel gehören, nicht nur die Israelis.[18] Durch den Zionismus hat die israelische Erfahrung auch eine Vorgeschichte. Die israelische Identität gründet historisch in ihrer zionistischen Vorläuferin. Und die zionistische Geschichte greift noch weiter auf frühere Zeiten zurück, die vor der jüdischen Geschichte oder parallel zu ihr verliefen. Es ist zum einen die Geschichte, als die Juden in ihrem Land lebten, zum anderen die Geschichte der Sehnsucht nach Zion, wenn sie gezwungen waren, in der Diaspora zu leben. Es ist die Geschichte der jüdischen Dörfer, die selbst im Mittelalter in diesem Land existierten, und natürlich ist es die Geschichte der modernen Besiedlung. Doch es ist ausdrücklich nicht die Geschichte des jüdischen Leidens; es ist nicht die Geschichte des Holocaust. Er gehört zur »jüdischen Geschichte«, nicht zum zionistisch-israelischen Kontinuum. Israelische Studenten, besonders die säkular erzogenen, deuten Zeiten des Exils und des Leidens vorwiegend negativ, Zeiten der Normalität oder des Heroismus hingegen als historische Quelle ihrer eigenen nationalen Identität.[19]

Neuerdings hat der Zionismus auch eine äußerst umstrittene Bedeutung angenommen. So wie seit dem Anfang der zionistischen Bewegung das unbedingte Engagement für Zion eine persönliche Beteiligung an der »Erlösung« des Landes durch die jüdische Besiedlung war, so halten heute einige Juden die Ausdehnung dieser Erlösung auf Judäa und Samaria für den tiefsten Ausdruck des Zionismus. Die Siedler in der West Bank halten sich für die heutigen Zionisten im eigentlichsten Sinne, noch mehr als jene, die weiterhin bisher unbestelltes Land innerhalb der vor 1967 bestehenden Grenzen besiedeln. Diese Idee des zeitgenössischen Zionismus wird besonders im religiösen Schulsystem Israels vertreten.[20]

Die Identität *Jude* ist in Israel noch problematischer als Israeli oder Zionist. Israels Rückwanderungsgesetz definiert einen Juden aus staatlichen Gründen als »jemanden, der von einer jüdischen Mutter geboren wurde oder zum Judentum konvertierte und keiner anderen Religion angehört«.[21] Doch dieser Kompromiß wird nur von wenigen akzeptiert. Orthodoxe Juden kritisieren, daß nicht ausdrücklich festgehalten wurde, daß Konversionen mit dem jüdischen Gesetz übereinstimmen müssen. Liberale Juden finden, daß das Kriterium, von einer jüdischen Mutter geboren zu sein, eine zu enge Definition sei. Und manche säkularen Israelis lehnen aus Prinzip jegliche religiöse Definition des Judeseins ab. Bestenfalls liefere das Gesetz einen Modus operandi, aber gewiß keine Basis für jüdische Identität.

Um festzustellen, was das Judentum für die Israelis bedeutet, muß man streng zwischen religiösen und säkularen Juden unterscheiden. Studien haben gezeigt, daß sich die religiösen Juden am stärksten als jüdisch empfinden, da das Judesein für sie mehr bedeutet, als nur eine ethnische Identität. Ihre Weltanschauung wird wesentlich von der jüdischen Religion bestimmt. Verständlicherweise fühlen sie sich den Juden in der Diaspora durch die gemeinsame religiöse Einstellung verbunden. Die säkularen Israelis hingegen haben ein ambivalentes Verhältnis zum Judentum. Der Zionismus war schließlich eine Revolte gegen das Judentum, das die frühen Zionisten in Ost- und Westeuropa so scharf kritisierten. Er sollte einerseits die jüdische Passivität überwinden, andererseits über die durch den Einfluß der Aufklärung abgestumpfte moderne jüdische Identität hinausführen. Manche säkularen Israelis betrachten die zionistische und später die israelische Identität noch immer als post-jüdisch. Eine Umfrage, die Mitte der sechziger Jahre durchgeführt wurde, ergab, daß die Mehrheit der israelischen Studenten in säkularen Schulen meinte, daß Jude zu sein wenig oder keine Bedeutung für ihr Leben habe.[22] Fast ein Drittel von ihnen hätte, wenn es anderswo lebte, nicht als Jude geboren sein wollen. Ein Student sagte; »Die jüdische Religion hat keine Bedeutung für mich. In Israel, wo alle Juden sind, macht es mir nichts aus, auch Jude zu sein. Aber außerhalb Israels – warum sollte ich da Jude sein?«[23] Was die jüdische Existenz außerhalb des Staates bedeutet, übersteigt, so bestätigte ein früherer israelischer Erziehungsminister, das Vorstellungsvermögen eines in Israel geborenen Juden.[24] Israelische Juden haben große Schwierigkeiten, sich mit den Juden in der Diaspora zu identifizieren. Sie betrachten sie als grundsätzlich anders als sie selbst. Bezeichnenderweise glaubte fast ein Drittel der israelischen Eltern und Schüler einer Umfrage zufolge, die Hauptursache des Antisemitismus sei in den Eigenschaften der Diasporajuden selbst zu suchen.[25] Etwa fünfzig Prozent der befragten Studenten sah die Diasporajuden als ein »anderes Volk«.[26] Die Unterschiede wurden besonders deutlich im Fall von afro-asiatischen Juden, die ethnisch am weitesten entfernt von den größten Diasporagemeinden in den Vereinigten Staaten sind.[27]

In bezug auf ihr eigenes Selbstverständnis haben die säkularen Israelis auch Probleme mit den Repräsentanten einer jüdischen Identität, die einen größeren Einfluß der Religion im öffentlichen Leben befürworten. Sie sehen sich gleichzeitig als Juden im ethnischen Sinne und als Gegner der Juden in »einem vollständigeren Sinne«, deren Bemühungen, den Staat auf der Basis des jüdischen Gesetzes zu judaisieren, sie entschieden ablehnen. Sie schätzen den Wert der jüdischen Religion in der Diaspora, weil sie dort ein ethnisches Zusammengehörigkeitsgefühl stiftet, doch diese Aufgabe habe sie nicht im Staat Israel.[28] Dennoch glauben fast alle Israelis – aber offenbar in einem nicht halachischen Sinn –, daß Israel auf irgendeine Weise ein »jüdischer Staat« sein müsse.[29] Jüdische Identifikation war selbst unter den säkularisierten Juden des israelischen Spektrums in den letzten Jahren gefühlsmäßig enger mit Religion verbunden.[30]

Es wurde weithin bemerkt, daß die jüdische Identität für die Israelis in Zeiten, in denen sie sich am meisten von anderen Nationen isoliert fühlen, an Bedeutung gewinnt. Dies wurde sowohl 1967 wie auch 1973 besonders deutlich, als es schien, als ob ihr einziger aufrichtiger Verbündeter die jüdische Diaspora war. Es ist auch anzunehmen, daß sich das Gefühl des Unterschieds der Israelis von den Juden außerhalb Israels unter dem Eindruck der Gefährdung – vor dem Ausbruch des Sechstagekrieges und in den ersten Tagen des Jom Kippur-Krieges – verringerte. Die jüdische Existenz in Israel schien nun nicht weniger bedrängt, als sie es jahrhundertelang in der Diaspora gewesen war. Die Israelis begannen nun von der Gefahr eines zweiten Holocaust zu sprechen. Der Sechstagekrieg war für die jüdische Identität in Israel auch in einem zweiten Sinne von Bedeutung. Selbst säkulare Israelis erlebten ein gleichsam religiöses Gefühl der Errettung, als die Angst sich in Triumph verwandelte und heilige Orte, die lange in arabischen Händen gewesen waren, den israelischen Juden wieder zugänglich wurden.[31] Die religiös-säkulare Dichotomie war zeitweise überbrückt worden.

Seit 1967 zeigte sich sowohl bei orthodoxen wie bei säkularen Juden in Israel eine deutliche Tendenz, das Judesein mit dem Kampf gegen die Araber zu verbinden. Mit den Worten eines Führers der messianistischen Orthodoxie: »Da ich an *Segula* (die jüdische Auserwähltheit) glaube, betrachte ich einen Mann, der eine Feuerprobe auf den Golan Höhen oder im Sinai besteht, als einen Juden im vollsten Sinne des Wortes, selbst wenn er nie einen formalen Tora-Unterricht mitgemacht hat.«[32] Während die meisten israelischen Juden den Begriff *Jude* noch immer als Gegensatz zu *Nichtjude* verstehen, stellt nun eine wachsende Anzahl Juden ihn in Gegensatz zu *Araber*.[33] Einige nichtreligiöse sefardische Juden tragen ein Käppchen – das Zeichen eines orthodoxen Juden –, damit sie nicht wegen ihres levantinischen Aussehens für Araber gehalten werden.

In zunehmendem Maße gehört zum Judesein in Israel nicht nur der Glaube, Israel solle ein jüdischer Staat sein, sondern auch die Betonung der Heiligkeit des Landes. Daraus erklärt sich die kompromißlose Ablehnung, Teile dieses Landes um eines politischen Zieles willen aufzugeben. Israels Expansion wird als Wille Gottes angesehen. Das israelische Bewußtsein verbindet die jüdische Religion generell mit einem tiefen Gefühl der Auserwähltheit, die sie von anderen Völkern unterscheidet. So wird – obwohl nicht alle Orthodoxen dafür sind, Judäa und Samaria um jeden Preis zu behalten – für liberale Israelis das Judentum wegen seiner messianischen Politik eine ziemlich negative Identität. Judentum und Liberalismus scheinen im Konflikt zu stehen; ein politischer Liberaler in Israel, der sein Judesein betont, ist ein relativ seltenes Phänomen.

Jude zu sein ist für manche Israelis noch in einem anderen Sinne problematisch: Man kann entweder in Israel oder in der Diaspora Jude sein. Doch man kann nur in Israel Israeli sein. Da Statistiken bis 1989 zeigten, daß mehr Juden Israel für immer verließen als aus der Diaspora dorthin einwanderten, haben besorgte Israelis in zunehmendem Maße die moralische Überlegenheit des »Israeliseins« dem negativen Wesen des Judeseins in der Diaspora gegenübergestellt. Nur eine ausschließliche Erziehung zur israelischen Identität könnte die

Auswanderung verhindern. Niemand hat dies schärfer formuliert als der prominente israelische Schriftsteller A. B. Yehoshua. In einem Zeitungsinterview sagte er:

»Die ständige gleichzeitige Anwendung dieser beiden Konzepte (Israeli und Jude) vermittelt bereits jedem Kind die erste Idee einer Auswanderung aus Israel. Wenn man auch Jude ist, abgesehen davon, Israeli zu sein, dann kann man sich jederzeit – wenn einem danach zumute ist oder wenn man Schwierigkeiten hat – dem jüdischen Leben in der Diaspora anschließen. Jedes sechsjährige Kind hat bereits von seiner Kindergartenlehrerin das Rezept für seine *Jerida* (Emigration) mitbekommen. Sie kann die Liebe zum Land Israel beteuern so laut sie will. Doch gleichzeitig sagt sie zu ihm: ›Sieh, zu was für einem wunderbaren Volk du gehörst, einem Volk, das zweitausend Jahre in der Diaspora überlebt und seine volle Identität bewahrt hat.‹ Wenn das so ist, sagt sich das Kind, dann will ich auch nach Los Angeles gehen und dort überleben, und ich werde dafür sogar eine Auszeichnung von der jüdischen Geschichte bekommen.«[34]

Die alte zionistische Doktrin der *Schelilat ha-gola* (Negation der Diaspora) rückte wieder in den Vordergrund, als demographische Studien – bis kurz vor der neuen Welle jüdischer Einwanderer aus der Sowjetunion – eine Verminderung der Juden im Verhältnis zu den Arabern vorhersagten.

Doch das Lob des Israeliseins und die Abwertung des Diasporajudentums haben die Welle der Auswanderungen nicht aufhalten können. Der Mangel an genauen statistischen Daten macht es schwierig, die genaue Anzahl der Israelis festzustellen, die sich dazu entschlossen, für immer in Amerika zu leben. Die Ziffern variieren von mindestens hunderttausend bis zu einer halben Million.[35] Es verhält sich ähnlich wie schon bei früheren jüdischen Einwanderungen in die Vereinigten Staaten: Wenn der Prozeß einmal begonnen hat, hat er die Tendenz, zuzunehmen, da immer mehr angehende Einwanderer Familienmitglieder und Nachbarn haben, die bereits in der neuen Gesellschaft Fuß gefaßt haben und imstande sind, ihnen zu helfen, sich an ihre neue Umgebung zu gewöhnen. Jüngere Leute, die sich wirtschaftlich etabliert haben, lassen ihre Eltern nachkommen.

Die israelischen *Jordim*,[36] wie sie genannt werden, erleiden einen Identitätskonflikt, der in der modernen jüdischen Geschichte beispiellos ist. Ihnen war der hohe Wert des Lebens in der jüdischen Heimat eingeprägt worden, sie identifizierten sich in erster Linie als Israelis, doch seit sie nicht mehr in Israel leben, wissen sie nicht wirklich, was sie sind. Manche reden sich tatsächlich ein, daß Amerika die Werte repräsentiert, die ihr Ursprungsland aufgegeben hat, und daß sie diese eines Tages nach Israel zurückbringen werden, um dort eine geistige Erneuerung zu bewirken.[37] Meistens sehen sie ihren Aufenthalt in den Vereinigten Staaten als nur vorübergehend an. Selbst nach Jahren im Ausland glauben sie immer noch, daß sie nach Israel zurückkehren werden. Sie sind nur in Amerika, um zu studieren, oder es ist ein interessantes Abenteuer, oder sie sammeln dort Kapital, um später in Israel ein angenehmeres Leben zu haben.[38]

Die *Jordim* haben keine richtige oder akzeptable Identität mehr. Die meisten sehen sich psychologisch außerstande, die Bezeichnung »Diasporajude« anzunehmen. Statt dessen klammern sie sich hartnäckig an ihren früheren Namen Israeli. Und doch sind sie mit der Zeit auch nicht mehr wirklich Israelis. Oder, anders ausgedrückt, ihr Glaube an sich selbst als Israelis fällt mit jedem Jahr im Ausland mehr von ihnen ab. Sich als Diasporajuden zu betrachten ist besonders schwierig für die Säkularisierten unter ihnen, da dies bedeutet, eine Identität anzunehmen, die sie als religiös und, zumindest teilweise, als un-israelisch abzulehnen gelernt hatten. Sich als Zionisten zu betrachten wäre vollkommen absurd. Die Zionisten im zeitgenössischen Amerika sind Juden, die

Geld für Israel geben, die aber, in den meisten Fällen, wenig direkte persönliche Verbindung mit Israel haben.

Trotz wohlgemeinter Bemühungen von örtlichen jüdischen Gemeinden haben sich die ausgewanderten Israelis den Versuchen widersetzt, sie in das amerikanische Judentum aufzunehmen. Dies gilt besonders für die Säkularisierten, die die Synagoge, eine zentrale Institution jüdischer Identität in der Diaspora, nach dem israelischen Vorbild ausschließlich als einen Ort für Gottesdienste betrachten, die ein säkularer Israeli entweder überhaupt nicht oder nur gelegentlich an hohen Feiertagen aufsucht. Die liberale Synagoge ist fast allen von ihnen völlig fremd. Israelorientierte Gemeindeinstitutionen sind sogar noch problematischer als Synagogen. Geld für Israel zu beschaffen ist ein so eindeutiges Kennzeichen des Diasporajudentums, daß ein *Jored*, wenn er dies tun würde, sich damit symbolisch auf die andere Seite begeben würde. Daher sagen Israelis in Amerika, sie hätten das ihre getan, indem sie in der israelischen Armee gedient hätten, oder sie behaupten, wenn sie nach Israel zurückkehren, werden sie ihr schwer verdientes Geld direkt in Israel investieren. Selbst der Gedanke, ihre Kinder in eine jüdische Schule zu schicken, ruft ambivalente Gefühle hervor. Israelis in Amerika tun dies seltener als amerikanische Juden.[39] Bei einigen Israelis haben die durch ihre Situation hervorgerufenen Spannungen zu einer milden Form des Selbsthasses geführt, der sich am häufigsten darin zeigt, daß sie den anderen *Jordim* negative Motive zuschreiben und sich schärfstens von ihnen distanzieren.[40]

Was den Emigranten aus Israel bleibt, sind die Erinnerungen an die Vergangenheit und die Angst vor der Zukunft. Sie kommen in Amerika zusammen, um die alten Lieder zu singen, mit denen sie aufgewachsen sind oder einen israelischen Film zu sehen, der sie wieder mit dem Land verbindet. Aber ihre Kinder werden schnell zu Amerikanern. In Anbetracht der jüdischen Geschichte ist es paradox, daß manche von ihnen sich ihrer fremd klingenden israelischen Namen schämen. Ein Vater drückte das Dilemma ergreifend aus: »Angenommen, ich bleibe hier, was wird dann aus meinem Sohn? Ich will nicht in die Synagoge gehen! Ich kann ihm höchstens Geschichten über mein Elternhaus erzählen, das in dem Land liegt, das ich verlassen habe, und kann ihn mitnehmen, um die Lieder zu singen, die wir in unserer Jugendbewegung gesungen haben. Ich bin ein Israeli, ich kann kein Jude werden.«[41]

Wenn die *Jordim* in den Vereinigten Staaten sich selbst ein Grund zur Verlegenheit sind, so sind sie es nicht weniger für das amerikanische Judentum. Denn die Vorstellung, daß Juden Israel zu verlassen wünschen, ist für die amerikanischen Juden, für die Israel ein Ideal ihrer eigenen Identität verkörpert, ein Schlag ins Gesicht. Es wird häufig darauf hingewiesen, daß die Diasporajuden nichts so vereint wie ihr Engagement für Israel. Für sie ist es mehr als ein Ort, wo andere Juden leben, die ihre Hilfe brauchen. Israel ist für viele zumindest potentiell das, was Achad Ha-Am sich darunter vorgestellt hatte: der Mittelpunkt jüdischen Lebens und darüber hinaus der Schwerpunkt ihres eigenen Judeseins. In einer Umfrage antworteten 83 Prozent der amerikanischen Juden, wenn Israel zerstört würde, empfänden sie dies als eine der größten persönlichen Tragödien ihres Lebens.[42] Selbst für das sowjetische Judentum diente Israel, trotz vieler Jahre offizieller Propaganda gegen den jüdischen Staat, als Fluchtpunkt für das begrenzte Wiederaufleben ihres jüdischen und hebräischen Bewußtseins. Auf der ganzen Welt verfolgen die Diasporajuden in den Zeitungen eifrig die Nachrichten über Israel. Sie durchleben im Geist seine militärischen Siege und sind stolz auf seine kulturellen und wissenschaftlichen Errungenschaften; sie empfinden persönliche Trauer über seine Tragödien und sind angesichts seiner zahlreichen und schwer lösbaren Probleme bedrückt. Sie sind entschlossen, ihre besondere Beziehung zum Staat Israel aufrechtzuerhalten, obwohl diese Beziehung sie, mehr als religiöse Unterschiede, von den Nichtjuden trennt und, besonders in den letzten Jahren, oft Antisemitismus auslöste.

Natürlich wird die jüdische Identität in der Diaspora noch zu einem sehr hohen Grade in religiösen Begriffen verstanden. Die meisten Juden in den Vereinigten Staaten, denen es mit ihrem Judentum ernst ist, schließen sich einer Synagoge an, die zu einer der vier amerikanischen jüdischen Strömungen gehört. Jedoch nur ein innerer Kern der Gemeindeglieder ist in mehr als einem beiläufigen Sinne religiös. Sie führt hauptsächlich der Wunsch nach ethnischer Identifikation in die Synagoge oder, in der Sprache der Sozialpsychologie, das Bedürfnis, ihre Identität zu sakralisieren.[43] Ihr Anliegen ist das Überleben der Juden, und sie glauben, daß Religion ein wichtiges Medium sei, um dieses Überleben zu gewährleisten. Abgesehen von den hohen Feiertagen versammeln sie sich nur zahlreich in den Synagogen, wenn ein Familienmitglied oder Freund das Ritual der jüdischen Kontinuität und des Überlebens feiert, die Bar oder Bat Mizvah-Zeremonie. Die Versammelten feiern, daß ein weiteres Glied in der Kette geschmiedet worden ist.[44] Indem die Torarolle von Großeltern an die Eltern und an das Kind weitergegeben wird,[45] wird ein symbolisches Zeugnis der Kontinuität der jüdischen Identität innerhalb der Gemeinde abgelegt. Ein Höhepunkt der Zeremonie ist der traditionelle Segen, der Gott dankt, daß er »uns am Leben erhalten, für uns gesorgt und es möglich gemacht hat, daß wir diesen Tag erleben«.

Nie zuvor in der Moderne haben Juden im Westen sich dem jüdischen Volk mehr verpflichtet gefühlt. Und die meisten von ihnen sehen Israel als dessen höchste Verkörperung. Wenn die Vereinigten Staaten weiterhin – wie es in den letzten Jahren geschah – einen kulturellen Pluralismus vertreten, dann würde für die amerikanischen Juden möglicherweise die ethnische, die Religion mehr oder weniger umfassende Form

106

der jüdischen Identität noch kennzeichnender. Zwei Faktoren jedoch sprechen dagegen.

Zum einen der Unterschied der kulturellen Werte und der Religion, der israelische Juden und Juden der Diaspora voneinander trennt. Für die meisten amerikanischen und europäischen Juden ist es besonders schwierig, eine gemeinsame Grundlage mit den Israelis afrikanischer oder asiatischer Herkunft zu finden, die eine Mehrheit der jüdischen Bevölkerung in Israel bilden. Bereits vor dreißig Jahren drückte ein junger amerikanischer Jude, der in Israel studierte, es treffend aus: »Israel gegenüber fühle ich ›wir‹, den Israelis gegenüber ›sie‹.«[46] Seit einiger Zeit zeigen sich manche (aber bei weitem nicht alle) Diasporajuden enttäuscht von Israels Politik und der Geltung der Religion. Diasporajuden, die mit dem Rechtskurs der israelischen Regierungen und dem unverminderten Einfluß der orthodoxen Parteien nicht sympathisieren, reagieren mit einem wachsenden Gefühl der Entfremdung. Umfragen, die während des letzten Jahrzehnts durchgeführt wurden, zeigten, daß, mit Ausnahme der Orthodoxen, das Gefühl der Verbundenheit amerikanischer Juden mit Israel sich gelockert hat. Dies gilt besonders für die Reformjuden und ziemlich allgemein für die jüngere Generation.[47] Sollten sich diese Differenzen der Wertvorstellungen zwischen den Kreisen der israelischen und der Diasporajuden weiterhin verschärfen, so könnten sie das Gefühl einer gemeinsamen Identität ernsthaft schädigen.

Der zweite Faktor, der gegen die ethnische Einheit spricht, ist das Phänomen der »Wahljuden«. Besonders in Reform- und Konservativen-Gemeinden in den Vereinigten Staaten hat die Anzahl der Konvertiten zum Judentum Proportionen angenommen, deren Einfluß nicht länger als unbedeutend gelten kann. Wie sich oft gezeigt hatte, neigen die Wahljuden dazu, das Judentum in einem dem Christentum entsprechenden Sinn zu verstehen. Nach ihrer Auffassung verlassen sie

eine Glaubensgemeinschaft, um sich einer anderen anzuschließen. Das Judentum ist für sie schlicht und einfach eine
Religion.[48] Es fällt ihnen schwer, die tiefe emotionale Bindung nachzuvollziehen, die Juden miteinander verknüpft.
Wenige sehen ihre Konversion als einen Schritt, mit dem sie
sich nicht nur dem jüdischen Glauben, sondern auch dem jüdischen Volk anschließen.[49] Ironischerweise heiraten Wahljuden manchmal Geburtsjuden, die ihr Judentum als beiläufig ansehen und die sogar versuchen, sich von ihm zu befreien.
Was ihre Ehepartner jedoch gewöhnlich besitzen, ist ein Rest
von ethnischer Verbundenheit. Der Wahljude hat große
Schwierigkeiten, dieses Überbleibsel zu verstehen, so wie der
geborene Jude den außerordentlichen Ernst schwer versteht,
mit dem manche Konvertiten sich der jüdischen Religion zu-
wenden. So scheint das jüdische Volk heute eine zerbrech-
lichere Basis der modernen jüdischen Identität zu sein als
noch vor zwei Jahrzehnten, da die Juden überall Genugtuung
über die anscheinend wunderbare Errettung empfanden, die
der Sechstagekrieg ihnen gebracht hatte. Spannungen und
Differenzen zwischen Israel und der Diaspora und die innere
Veränderung des Diasporajudentums drohen das Band der
Solidarität zu lockern. Und doch bleibt das Gefühl, ein Volk
zu sein, stärker als jede andere Grundlage eines gemeinsamen
Judentums. Trotz aller Differenzen hat Zion seinen Einfluß
als das stärkste Symbol der jüdischen Einheit und des gemeinsamen Schicksals bewahrt.

Anmerkungen

1 Über die Schwierigkeit, eine einzelne zionistische Identität zu bestimmen, siehe besonders Ehud Luz, *Parallels Meet: Religion and Nationalism in the Early Zionist Movement, 1882-1904*, Philadelphia 1988.

2 Stephen M. Poppel, *Zionism in Germany, 1897-1933: The Shaping of a Jewish Identity*, Philadelphia 1977, S. 85-92.

3 Einige religiöse Denker, besonders in den Vereinigten Staaten, bewunderten Achad Ha-Am und machten sich seine großzügige Auffassung der jüdischen Kultur zu eigen. Solomon Schechter jedoch, die führende Persönlichkeit im konservativen Judentum zu Anfang des Jahrhunderts, war noch nicht bereit, anzuerkennen, daß ein Säkularist ein ebenso guter Jude sein könne wie ein religiöser. Mordecai Kaplan, der Begründer des Rekonstruktivismus, erklärte schließlich das Judentum zu einer *religiösen* Zivilisation, ein einschränkendes Adjektiv benutzend, das Achad Ha-Am nicht erlaubt hätte. Siehe die Diskussion in Evyatar Friesel, »Ahad Ha-Amism in American Zionist Thought«, in: Jacques Kornberg (Hg.), *At the Crossroads: Essays on Ahad Ha-Am*, Albany 1983, S. 133-141.

4 Simon Dubnow, *Nationalism and History*, hg. v. Koppel Pinson, Philadelphia 1958, S. 89.

5 Dubnow behauptete, daß der nationale Wille der Juden sich zuerst in der Diaspora manifestieren müsse, sonst könne man einer kulturellen Blütezeit im Land Israel nicht gewiß sein. Er schrieb: »Nur nachdem wir erkennen, daß der nationale Wille in allen Ländern unserer Zerstreuung bestehen bleiben und dort die Zentren unserer Nation stärken kann, werden wir fähig sein zu glauben, daß er auch die Kräfte freisetzt, um einen kulturellen Mittelpunkt für einen Teil der Nation im Lande Israel aufzubauen und für seine Stabilisierung und für einen tiefen Einfluß auf die Länder der Diaspora zu arbeiten«. (*He-Atid* 4, 1912, S. 117).

6 Menahem Brinker, »Brenner's Jewishness«, in: *Studies in Contemporary Jewry* 4, 1988, S. 234f.

7 Max Nordau in: *Die Welt*, 11. Juni 1897, S. 2.

8 Max Nordau in: *He-Atid* 4, 1912, S. 208. Vgl. Elieser Ben-Jehuda in: ebd., S. 92.

9 Nahum Sokolow, ebd., S. 147.

10 Josua Thon, ebd., S. 128, S. 130. Thon, ein Rabbiner, war kein zionistischer Radikaler. Martin Buber äußerte etwa zur gleichen Zeit eine ähnliche rassische Auffassung des Judentums. Siehe seine *Drei Reden über das Judentum*, Frankfurt a. M. 1911, S. 20-25.

11 Achad Ha-Am, »Dr. Pinsker und seine Broschüre«, in: *Am Scheidewege. Ausgewählte Essays*, Berlin 1904, S. 81.

12 A. B. Yehoshua, *Between Right and Right*, übers. v. Arnold Schwartz, New York 1981, S. 130.

13 »Das Israelisein, das (israelische Juden) fühlen, ist zum großen Teil eine besondere Art von israelischer Identität – eine, die sie nur mit denjenigen Israelis verbindet, die ebenfalls Juden sind.« Arnold Lasker, »A Question of Identity«, in: *Forum* 44, Frühjahr 1982, S. 65.

14 Seif a-Din Zu'abi, zitiert in: Rafik Halabi, *The West Bank Story: An Israeli Arab's View of Both Sides of a Tangled Conflict*, New York 1981, S. 244.

15 Diejenigen Israelis jüdischer Abstammung, die am entschiedensten ihre Verbindung zum Judentum und mit dem Teil des jüdischen Volkes, das noch außerhalb des Landes lebt, zu lösen suchten, fanden selbst die Bezeichnung *Israeli* zu jüdisch und wählten statt dessen andere Identitäten, besonders *Canaaniter*. Siehe zuletzt den Band von James S. Diamond, *Homeland or Holy Land? The »Canaanite« Critique of Israel*, Bloomington 1986.

16 Shlomit Levy und Eliyahu Louis Guttman, *Arachim va-amadot shel ha-no'ar ha-lomed be-Jisra'el* (Wertvorstellungen und Stellungnahmen von Schulkindern in Israel), 2 Bde., Jerusalem 1974-76, Bd. 1, S. 10; Simon Herman, *Jewish Identity: A Social Psychological Perspective*, Beverly Hills 1977, S. 136 f.

17 Shlomit Levy und Eliyahu Louis Guttman, »The Jewish Identification of Israelis in the Midst of the Jom Kippur War« (hebr.), in: *Bi-Tefutsot Ha-Gola* 67/68, Winter 1973 (1974), S. 50.

18 So definiert A. B. Yehoshua den zeitgenössischen Zionisten, ob in Israel oder im Ausland, als »einen Menschen, der das Prinzip akzeptiert, daß der Staat Israel nicht nur seinen Bürgern gehört, sondern dem gesamten jüdischen Volk« (*Between Right and Right*), S. 123.

19 Hierzu äußerte sich Karmi Yogev, ein bekannter israelischer Pädagoge, während eines Israeli-Diaspora-Dialogs 1969: »Wenn wir

sagen, daß die Vergangenheit ein Hauptaspekt der Erziehung bleiben soll, möchte ich hinzufügen, daß ein größerer Nachdruck auf unsere sozusagen normalen Perioden der Geschichte gelegt werden sollte: Der Erste Tempel, der Zweite Tempel, die Besiedlung Palästinas in den letzten vergangenen Generationen. Die jüngere Generation wird viel mehr von Heldentum und Triumph inspiriert als von Unglück. Doch wir können nicht übersehen, daß die Geschichte unseres Volkes zu einem sehr großen Teil eine Geschichte der Katastrophen ist, eine Geschichte des Unglücks, die Geschichte eines Volkes, das keine Möglichkeit zu seiner Verteidigung hatte. Die jungen Israelis neigen dazu, diese Aspekte unserer negativen Geschichte, gelinde ausgedrückt, als nicht sehr begeisternd zu empfinden. Wie man sie in diesem Punkt erreicht, bleibt ein Problem.« (*Congress Bi-Weekly*, 3. April 1970, S. 53).

20 Levy und Guttman, *Arachim va-amadot*, Bd. 2, S. 16.

21 Emanuel Guttman (Hg.), *Mishtar medinat Jisra'el: Sefer mekorot* (Das Regierungssystem des Staates Israel: Ein Quellenbuch), Jerusalem 1971, S. 16.

22 Simon N. Herman, *Israelis and Jews: The Continuity of an Identity*, Philadelphia 1971, S. 49.

23 Ebd., S. 52f. Eine Anzeige, die von dem Israel Aliyah Center in den *Canadian Jewish News* (April 1975) aufgegeben worden war, begann wie folgt:»Wir versprechen Ihnen keinen Rosengarten im versprochenen Land. Und alles, was wir Ihnen versprechen können, ist, daß sie eine Chance erhalten, Ihr Leben so zu leben, wie sie es wünschen. Selbst wenn Sie Jude sind. Und was das Judesein betrifft, das ist etwas, was Sie hier in Israel vergessen werden. Das versprechen wir Ihnen, denn fast jeder hier ist Jude.«

24 Aharon Yadlin, *Hamarkiv ha-Jehudi ba-chinuch be-Jisra'el* (Die jüdische Komponente in der Erziehung in Israel), Jerusalem 1978, S. 22.

25 Herman, *Israelis and Jews*, S. 112.

26 Levy und Guttman, *Arachim va-amadot*, Bd. 2, S. 243.

27 Diese Situation könnte sich ändern, da mehr und mehr Israelis, einschließlich derjenigen afro-asiatischer Herkunft, jetzt nahe Verwandte haben, die während des letzten Jahrzehnts nach Amerika eingewandert sind. New York ist den Israelis aus Marokko oder dem Irak nicht mehr so fremd, wie es früher in der Geschichte Israels gewesen war.

28 Levy und Guttman, *Arachim va-amadot*, Bd. 2, S. 120f.; Hanoch Smith, *Attitudes of Israelis towards America and American Jews*, New York 1983, S. 15.

29 Charles Liebman, »The Present State of Jewish Identity in Israel and the United States«, in:*Forum* 27, 1977, S. 25.

30 Shlomit Levy, »Components of the Jewish Identity as Motivators for Jewish Identification among Jewish Youth and Adults in Israel in the Period 1967-1982« (hebr.), (Phil. Diss., Hebrew University, 1985).

31 Eliezer Schweid, *Israel at the Crossroads*, ins Engl. übers. v. Alton Meyer Winters, Philadelphia 1973, S. 187, S. 209; Gideon Aran, »A Mystic-Messianic Interpretation of Modern Israeli History: The Six Day War as a Key Event in the Development of the Original Religious Culture of Gush Emunim«, in: *Studies in Contemporary Jewry* 4, 1988, S. 263f.

32 Zitiert in Aran, »A Mystic-Messianic Interpretation of Modern Israeli History«, S. 272. Doch ebenfalls als jüdisch, gewöhnlich im negativen Sinne, betrachtet man die *Charedim*, die traditionellsten der israelischen Juden, die sich weigern, in der israelischen Armee zu dienen.

33 Simon N. Herman, »Criteria for Jewish Identity«, in: Moshe Davis, *World Jewry and the State of Israel*, New York 1977, S. 170.

34 A. B. Yehoshua in: *Musaf Ha-Aretz*, 15. April 1983, S. 6.

35 Zvi Sobel, *Migrants from the Promised Land*, New Brunswick 1986, S. 11, S. 56; Moshe Shokeid, *Children of Circumstances: Israeli Emigrants in New York*, Ithaka 1988, S. 20. Paul Ritterband bewies kürzlich, daß die Anzahl der eingewanderten Israelis in New York etwas niedriger und die Prozentzahl der orthodoxen Juden darunter höher sei als bisher vermutet. Siehe sein »Israelis in New York«, in: *Contemporary Jewry* 7, 1986, S. 113-126.

36 Wörtlich »diejenigen, die herabsteigen« (in der Einzahl *Jored*) im Unterschied zu *Olim* »die heraufsteigen«, indem sie in Israel einwandern.

37 Sobel, *Migrants from the Promised Land*, S. 209.

38 Eine Umfrage ergab, daß 84 Prozent der Antwortenden sich für eine Rückkehr aussprachen, doch wenige hatten dafür feste Pläne gemacht. (*American Jewish Year Book* 80, 1980,S. 60).

39 Linda G. Levi, »Israelis in New York and the Federation of Jewish

Philanthropies: A Study of Anomie and Reconnection«, in: *Contemporary Jewry* 7, 1986, S. 167-180.

40 Shokeid, *Children of Circumstances*, S. 55-70, S. 207.

41 Ebd., S. 132.

42 Steven M. Cohen, *American Modernity and Jewish Identity*, New York 1983, S. 158.

43 Hans Mol, *Identity and the Sacred: A Sketch for a New Social-Scientific Theory of Religion*, New York 1976, S. 266.

44 Was Erikson über Reifwerden schreibt, ist erhellend für die Rolle dieses Durchgangsrituals im Judentum: »Die *Identitätsbildung* (...) erwächst aus der selektiven Verwerfung und wechselseitigen Assimilation von Kindheitsidentifizierungen und ihrer Aufnahme in eine neue Gestaltung, die ihrerseits abhängig ist von dem Prozeß, durch den eine Gesellschaft (häufig durch Subgesellschaften) das junge Individuum identifiziert, es als jemanden bestätigt und anerkennt, der so werden mußte, wie er ist, und der so, wie er ist, als gegeben hingenommen wird. Die Gemeinschaft verleiht häufig nicht ohne ein gewisses anfängliches Mißtrauen ihre Anerkennung mit einer Zurschaustellung von Erstaunen und Freude darüber, die Bekanntschaft eines neu hervorgetretenen Individuums zu machen. Denn auch die Gemeinschaft fühlt sich ihrerseits von dem Individuum ›bestätigt‹, das sich darum bemüht, um Bestätigung zu bitten; (...)«* Jugend und Krise*, S. 154 f.

45 Dies ist ein Ritual jüngeren Datums, das nicht allgemein befolgt wird, sich aber immer mehr durchsetzt.

46 Simon N. Herman, »American Jewish Students in Israel«, *Jewish Social Studies* 24, 1962, S. 15.

47 Siehe Steven M. Cohen, *Ties and Tensions: The 1986 Survey of American Jewish Attitudes toward Israel and Israelis*, New York 1987; ders., *Ties and Tensions: An Update*, New York 1989.

48 Der Leitfaden für Wahljuden, der von einer Konvertitin für die Reformbewegung verfaßt wurde – Lydia Kukoff, *Choosing Judaism*, New York 1981 –, berücksichtigt weder die Beziehung der neuen Juden zum Holocaust noch zum Staat Israel.

49 Doch Hermans Umfrage unter israelischen Studenten zeigte, daß nur 28 Prozent der Befragten meinten, daß die Konversion zur jüdischen Religion ohne das Gefühl der Zugehörigkeit zum jüdischen Volk genüge, um jemanden als Juden einzustufen (*Israelis and Jews*, S. 93).

Die deutschen Juden
Perspektiven ihrer Geschichte

Erinnerungen sind wie Steine, die man aus dem flachen Wasser eines Flusses fischt. Diese Steine hatten einmal rauhe Kanten, doch der Fluß hat sie allmählich glattgeschliffen. So werden in unserem Bewußtsein, in unserer Erinnerung die Einzelheiten, die Widersprüche, die Ironie des früher Erlernten abgeschliffen, und es bleibt nur die glatte Botschaft zurück, die leicht erinnert und übermittelt werden kann. Junge Menschen, die aus den Erinnerungen anderer lernen, erhalten deshalb oft nur die abgeschliffene Form der übermittelten Erinnerung. Wenn sie das rauhe Original kennenlernen wollen, müssen sie es selbst wiederherstellen. Unsere Tendenz zu vereinfachen, zu stereotypisieren, ist niemals ausgeprägter, als wenn man etwas mit besonderem Nachdruck beweisen will. Je schwächer das Argument, desto lauter die Aussage. Für Juden, die sich heute in Amerika positiv mit dem Judentum identifizieren, ist keine Botschaft vernehmlicher als der Ruf nach dem physischen und geistigen Überleben der Juden. Der Holocaust sowie der tiefgreifende Verlust jüdischer Identität in der Diaspora riefen nicht nur ein tiefes Bedürfnis nach einem Leitstern hervor, sondern auch das Bedürfnis, sich an ein Gespenst aus der Vergangenheit, ein historisches Trugbild zu klammern. Es soll die Zeitgenossen genügend in Furcht versetzen, um sie von ihrem eigenen verhängnisvollen Weg abzubringen. Meiner Ansicht nach hat man der Geschichte des deutschen Judentums eine solche negative Rolle zugewiesen. Das allgemeine Bewußtsein hat die rauhen Kanten abgeschliffen, damit die glatte Erinnerung, die geblieben ist, den Zwecken der zeitgenössischen Juden dienen kann. Ich behaupte aber, daß man damit weder dem amerikanischen Judentum noch der Geschichte einen Dienst erwiesen hat.

Die Geschichte der deutschen Juden wird allgemein als ein Anschauungsunterricht für die Gefahren blinder Assimilation hingestellt. Die Juden in Deutschland glaubten naiverweise, daß sie im Land der »Dichter und Denker« nichts zu fürchten hätten. In Osteuropa rollte der Holocaust später so schnell voran, daß die Juden von dort nicht mehr entkommen konnten. Doch in Deutschland lagen acht Jahre zwischen Hitlers Aufstieg zur Macht und dem Anfang der Deportationen im Jahre 1941. Warum haben die deutschen Juden sich nicht selbst gerettet? Warum haben sie – die Hitler aus der Nähe sahen – nicht ihre jüdischen Brüder und Schwestern vor dem gewarnt, wozu er fähig sein würde? Weil der Holocaust für die Juden und viele Nichtjuden so belastend ist, neigte man dazu, die Geschichte der deutschen Juden aus der Sicht des Holocaust zu betrachten, so wie auch einige Historiker die deutsche Geschichte generell von diesem Ausgangspunkt aus erforschten. So sind im allgemeinen Bewußtsein die deutschen Juden auch zu Musterbeispielen der Assimilation geworden. Während der Weimarer Zeit war die Anzahl der Mischehen ebensogroß wie heute in den Vereinigten Staaten. Man hielt es für möglich, daß das deutsche Judentum völlig absorbiert werden und verschwinden würde. Vom deutschen Judentum zu sprechen bedeutet daher eher eine Warnung als ein Vermächtnis. Es geht mir nicht darum, die deutschen Juden zu rechtfertigen, sie anzuklagen oder sie zu verteidigen. Doch ich glaube, daß die Historiker versuchen müssen, die rauhen Kanten zu belassen, selbst wenn es dadurch schwieriger wird zu verallgemeinern. Das deutsche Judentum ist in die Geschichte eingegangen, sein widersprüchliches Vermächtnis in landläufigen Mythen vereinfacht. Vielleicht hilft es, wenn man auf dieses Vermächtnis von verschiedenen Blickpunkten aus zurückschaut, um seine Kompliziertheit, seine Mehrdeutigkeit und seine Einzigartigkeit nachvollziehen zu können.

Wenn es stimmt, daß die Geschichte voll ironischer Wechselfälle ist – woran ich persönlich glaube –, dann ist die Geschichte des deutschen Judentums daran besonders reich. Deshalb dürfte dieser Blickwinkel besonders aufschlußreich sein. Ich möchte mich mit zwei ironischen Wechselfällen auseinandersetzen, die wohl die auffälligsten und zugleich grundlegendsten sind.

Die deutschen Juden wurden »Pioniere der Moderne« genannt. Und sie waren in der Tat stolz auf diese Bezeichnung. Wenn Modernität sich in der Fähigkeit und Bereitschaft zeigt, die Tradition aufzugeben und neue, erfolgreichere, tauglichere und zwingendere Mittel in wirtschaftlicher, wissenschaftlicher und künstlerischer Leistung einzusetzen, dann besteht kein Zweifel, daß die deutschen Juden an der Modernisierung bedeutsamen Anteil hatten. Gemessen an ihrem Anteil an der Bevölkerung war er unverhältnismäßig groß. Als Beispiele jüdischer Kreativität und Leistung werden immer die berühmtesten Namen angeführt. Es sind Einstein und Freud in der Wissenschaft, Kafka in der Literatur und auch, entstammt er doch einer jüdischen Familie, Marx in der politischen und ökonomischen Theorie. Diese und andere Männer bauten nicht einfach nur auf früheren Errungenschaften auf, indem sie ihnen ihre eigene, besondere Nuance gaben; sie waren, jeder auf seinem Gebiet, Revolutionäre. Jeder von ihnen brach abrupt mit der konventionellen Weisheit, um eines radikal neuen Ansatzes willen. Einige von ihnen waren ihrem Milieu zutiefst entfremdet, in einer Umwelt, die, anders als die amerikanische, in der Entfremdung nicht einen möglichen Anstoß zu sozialer Einsicht sah. Übrigens waren nicht alle Juden, die in Deutschland und Österreich berühmt wurden, extreme Modernisten. Einige, die sich einen Namen machten, wie der Maler Max Liebermann, verdankten ihren Erfolg teilweise der Tatsache, daß ihr Werk die Grenzen des allgemeinen Geschmacks und Verständnisses nicht wirklich überschritt. Innerhalb des deutschen Judentums selbst waren es gerade die konservativeren unter ihnen, die man als Vorbilder ansah. Trotzdem gab es unverhältnismäßig viele Revolutionäre unter den Juden.

Dort wo sie am radikalsten war, hatte die Modernisierung einschneidende Folgen. Denn zu den Traditionen, die jüdische Männer und Frauen als Neuerer hinter sich ließen, zählte auch das Judentum. Die deutschen Juden konnten mit Recht auf die außerordentlich originelle und schöpferische Rahel Varnhagen stolz sein, die im späten achtzehnten Jahrhundert einen literarischen Salon führte. Doch Rahel hatte keine enge Beziehung zur jüdischen Tradition, kein besonderes Interesse an den anderen Juden, keine Hoffnung auf eine ausgesprochen jüdische Zukunft. Ein Jahrhundert später gründete Freud seine Leistung darauf, Menschen durch die ungefärbte Brille eines unerschütterlichen Atheisten zu betrachten. Kafkas Welt war ebenso gottlos, während Einsteins Gott wohl kaum der Gott der jüdischen Tradition war. Marx ging am weitesten, indem er in einer seiner Schriften ein mythisches Judentum für alle Übel der modernen Gesellschaft verantwortlich machte. Kurz, die jüdischen Helden der Moderne, die am meisten zu deren Kultur beitrugen, waren genau dieselben, die in ihrem Leben und Wirken das Judentum, oder zumindest die jüdische Religion unvereinbar mit ihren modernen Ansichten fanden. Lobte man sie, so billigte man diese Entfremdung.

Dieses Lob war außerdem gefährlich. Innerhalb der deutschen Gesellschaft war Modernisierung keineswegs etwas unbedingt Erstrebenswertes. Denn Neuerung beruht notwendigerweise auf angedeuteter oder ausdrücklicher Kritik an überkommenen Gewohnheiten und Überzeugungen. Sie beunruhigt, sie entwurzelt, sie malt ein unsicheres Bild der Zukunft. Die weitverbreitete Furcht vor schneller Veränderung in Deutschland konnte von rechtsstehenden Ideologen und Politikern leicht ausgenutzt werden; sie stellten die Juden als wurzellose Kosmopoliten hin, die keinen Sinn für Tradition hatten. Da die Juden erst spät und unter dem Einfluß der Aufklärung in die deutsche Gesellschaft eingetreten seien, könnten sie angeblich nur das Diktat der Vernunft anerkennen. Ihnen fehle das Verständnis der »tieferen« Angelegenheiten des Herzens. Die modernsten Juden hatten sich selbst wie ein Zweig von dem Baum ihres Judentums losgebrochen. Nur wenige Deutsche waren bereit, sie auf ihren eigenen aufzupfropfen. Sie verdammten statt dessen alle Juden dafür, daß ihnen jede Ehrfurcht vor der Tradition fehle, daß sie nur zerstören könnten. Sie seien »ein zersetzendes Element«, das das Alte aufzulösen drohe, ohne fähig zu sein, ein Gefühl der Kontinuität zwischen dem Alten und dem Neuen zu vermitteln.

Die erste Ironie – eine doppelte Ironie – ist damit offensichtlich. Daß die deutschen Juden Vorreiter der Moderne waren, ist, im Rückblick, eine bemerkenswerte Auszeichnung. Doch die Auswirkungen waren doppelt negativ: Die hervorragendsten Pioniere waren, zum größten Teil und zu verschiedenen Graden, nichtjüdische Juden. Und als Symbole der Moderne erregten die deutschen Juden mehr Angst als Dankbarkeit – mit fatalen Folgen für sich selbst.

Daher ist es kein Wunder, daß die meisten deutschen Juden ihre radikalsten Vertreter sehr ambivalent betrachteten und zögerten, sich mit ihren Verdiensten zu identifizieren. Zugleich suchten sie die Nichtjuden zu überzeugen, daß sie fähig seien, ein Teil des deutschen Baumes zu werden, auch wenn es dafür etwas spät war. Ob religiös orthodox oder reformiert, die deutschen Juden nahmen während des neunzehnten Jahrhunderts die Sitten und Gebräuche ihrer Umgebung an. Indem sie mehr und mehr urban und bürgerlich wurden, glichen sie sich fast in jeder Hinsicht den typischen Eigenschaften ihrer bürgerlichen Klasse an. Die jüdischen Männer folgten dem herrschenden Arbeitsethos; die jüdischen Frauen spielten die Rolle der Damen der guten Gesellschaft. Nur in der Religion, in den wenigen aufrechterhaltenen Familientraditionen und ihrem lebhaften Kunstsinn unterschieden sich die jüdischen Familien von anderen ihrer Klasse. Indem sie sich mehr und mehr wie Deutsche benahmen, fühlten sie sich immer mehr als wirkliche Deutsche. Was wenige damals erkannten – denn diese Vorstellung war schwer zu akzeptieren –, war eine zweite Ironie: Je ähnlicher sie den Deutschen wurden, um so mehr wurden sie als Bedrohung für die deutsche Gesellschaft empfunden.

Die Aufforderung, die an sie erging, war niemals eindeutig. Seit dem Beginn der Judenemanzipation in Deutschland hatte man den Juden wiederholt zu verstehen gegeben, sie würden gleichgestellt, sobald sie die Eigenschaften abgelegt hätten, die mit dem Status eines deutschen Bürgers unvereinbar seien. Die Reste des Gettolebens müßten abgeschüttelt werden: also die Beschränkung auf wenige Berufe, das Jiddischsprechen, überhaupt die religiöse und ethnische Absonderung. Die aufgeklärtesten Deutschen bestärkten die Juden darin und versprachen ihnen Belohnung. Doch von früh an gab es auch entgegengesetzte Signale. In Preußen verbot die Regierung religiöse Reformen, teils weil man fürchtete, daß eine jüdische Religion, die der christlichen zu ähnlich war, für Nichtjuden zu verlockend sein könnte. Als nach zwei Generationen kultureller Assimilation der Juden in Deutschland der Antisemitismus in den letzten Jahrzehnten des neunzehnten Jahrhunderts wieder mit überraschender Heftigkeit auftrat, richtete er sich nicht allein gegen die kürzlich aus Osteuropa eingewanderten *Ostjuden* oder gegen die Minderheit der strenggläubigen Juden. Der neue rassistische Antisemitismus richtete im Gegenteil seinen wütendsten Angriff gegen die Juden, die sich am weitesten vom Judentum entfernt hatten. Gerade weil man sie als Juden weniger leicht erkennen konnte, galten sie als eine besonders heimtückische Bedrohung für das Deutschtum. Die deutschen Juden konnten nicht wissen – da es ihnen gewöhnlich verheimlicht wurde –, daß selbst ihre ihnen angeblich wohlgesonnenen liberalen Freunde im Grunde darauf hofften, daß sie sich als Fremdkörper schließlich in der deutschen Gesellschaft auflösen würden. Das war gegen Ende des neunzehnten Jahrhunderts, als die deutschen Juden die volle politische Gleichheit erlangt hatten, noch genau so wie früher.

Einige deutsche Juden zogen es natürlich vor, die Bürde der Diskriminierung ein für allemal abzuwerfen, indem sie zum Christentum übertraten. Man weiß heute um die Wechselwirkungen zwischen den Perioden der Diskriminierung und den Übertritten zum Christentum. Die Konversion räumte gewöhnlich die beruflichen Hindernisse aus dem Weg, selten die sozialen Schranken. Man betrachtete die Konvertiten, zumindest der ersten Generation, als getaufte Juden, nicht als Christen, oder gar richtige Deutsche. Ihre Leistungen wurden auch nicht als eigentlich deutsch betrachtet. Der begabte Dichter Heinrich Heine ist dafür das prominenteste Beispiel. Wenige deutsche Schriftsteller besaßen ein so bemerkenswert intuitives Verständnis für die deutsche Eigenart – und die deutschen Schwächen – wie dieser getaufte Jude. Doch nichtjüdische Deutsche wollten in der Regel sein Werk nicht in den Kanon der deutschen Literatur aufnehmen. Er war ein Virtuose der deutschen Sprache, doch er blieb ein faszinierender Außenseiter.

Was für die Konvertiten zutraf, galt erst recht für die deutschen Juden, die es vorzogen, ihre wenn auch noch so verkümmerte Identität zu bewahren. Zu Anfang des zwanzigsten Jahrhunderts blieben wenige von ihnen orthodox. Die überwiegende Mehrheit opponierte von Beginn an gegen den Zionismus bis zum Aufstieg Hitlers. Sie pflegten kaum noch jüdische Bräuche. Doch viele von ihnen schlossen sich in der Verteidigung der jüdischen Rechte zusammen. Ihre Gesellschaftskreise – selbst in den assimiliertesten Familien – waren weiterhin, freiwillig oder aus Mangel an Gelegenheit, fast ausschließlich jüdisch. Sie blieben auch auf andere Weise verschieden, die mehr mit dem jüdischen Schicksal als mit dem jüdischen Erbe zu tun hatte. Da die Juden unter der Ägide der rationalistischen und universalistischen Aufklärung Einlaß in die deutsche Gesellschaft gefunden hatten, blieben sie diesen Prinzipien treu, selbst nachdem sie von dieser Gesellschaft verstoßen wurden, die auf der Suche nach ihrer einzigartigen deutschen Seele war. Nicht alle Deutschen wurden Romantiker oder verwarfen die Aufklärung völlig – doch die Juden blieben ihr mit einer Hingabe treu, die charakteristisch für sie wurde. In der Hingabe an den Universalismus bewahrten sie ihre Besonderheit.

Ironie häufte sich auf Ironie: Die deutschen Juden versuchten der Feindseligkeit durch Assimilation zu entkommen, doch durch die Assimilation zogen sie nur noch mehr Feindseligkeit auf sich, und diese wiederum führte – falls nicht der Ausweg durch Konversion gesucht wurde – zu einem gesteigerten Bewußtsein ihres Judentums. Zwar ist es nicht so, wie Jean-Paul Sartre glaubte, daß der Antisemitismus den Juden schafft, doch in Deutschland hatte er tatsächlich die Wirkung, das Judentum aus der Reserve zu locken. Von ihrer Umgebung als Juden bezeichnet, waren manche, die sich am stärksten assimiliert hatten, gezwungen, sich ihrem Judentum zu stellen. Es wurde ihnen bewußt, daß sie *trotz ihrer Assimilation* als Juden betrachtet wurden. Daraufhin beschlossen sie, Juden zu sein – *aus Trotz*.

Alle diese Tendenzen lassen sich bei dem begabten, in Österreich lebenden deutschen Romancier Jakob Wassermann nachweisen. Sein Judentum, dem in seiner Sicht ein positiver Inhalt fehle, war das Ergebnis der Ablehnung durch Nichtjuden. Wassermann war weder im religiösen noch im nationalen Sinne Jude. Doch seine größten Bewunderer waren Juden. Ein christlicher Freund sagte ihm, daß deutscher und jüdischer Geist sich niemals vermischen würden. So sehr er auch versuchte, als Deutscher für Deutsche zu schreiben, sah Wassermann schließlich ein, daß man ihn immer als jüdischen Schriftsteller ansehen würde. Einmal schrieb er nieder, was er als typisch jüdische Fehler betrachtete, die ihm peinlich und widerlich waren, anschließend die Vorzüge, die er für lobenswert hielt. Jedoch letztlich sei Jude zu sein nicht etwas, das man als Gutes oder Schlechtes ablehnen oder wählen könne. Es war in seinem Empfinden ein unüberwindliches Schicksal. Es gab keine andere Wahl, als der Realität des Antisemitismus ins Auge zu sehen. Wohlmeinende Bemühungen, das herrschende Gefühl zu tilgen, daß Juden Fremde sind, seien alle vergeblich. Als Jude würde er unbedingt darunter leiden – doch wenn er über seine eigentliche Identifikation nachdenke, dann müsse er gestehen, daß der Antisemitismus ihn mehr als Deutschen denn als Juden bekümmere.

Unser ironischer Blickwinkel stellt uns auf ein historisches Podest, überlegen lächelnd sehen wir herab, in dem Wissen, daß wir einen weiteren Blick haben, als die dort unten, die nur eine begrenzte Sicht haben. Es ist nun angebracht, diese Sicht mit einer vergleichenden Perspektive auf gleicher Ebene zu ergänzen: Deutschland und die Vereinigten Staaten, deutsche Juden und amerikanische Juden.

Daß der Antisemitismus in Deutschland viel ausgeprägter war als in den Vereinigten Staaten, läßt sich vielfältig erklären. Am wichtigsten scheint mir jedoch zu sein, daß Deutschland zu einer Nation wurde, als es gegen die Werte der Aufklärung rebellierte, die es unentwegt als etwas dem deutschen Geist Fremdes ansah. Die Vereinigten Staaten hatten hingegen diese Werte in die grundlegenden Dokumente ihrer Nation eingeschlossen. Die Idee der Toleranz mag in Amerika zunächst von Europa gekommen sein, doch Thomas Jefferson und seine Anhänger hielten sie nie für etwas, das dem sich entwickelnden amerikanischen Charakter fremd sei. Sie war bei der Geburt der Nation vorhanden und, obwohl gelegentlich mißachtet, wurde sie nie verworfen. Der amerikanische Antisemitismus konnte niemals im Ernst behaupten, etwas echt Amerikanisches zu sein.

Ich halte es auch für bemerkenswert, daß die öffentliche Diskussion über die Juden in den Vereinigten Staaten konsequent in die Begriffe »Juden und Christen«, nicht »Juden und Amerikaner« gefaßt wird. Tatsächlich klänge diese Formulierung völlig ungewöhnlich. In Deutschland jedoch unterschied man semantisch anders, trotz des häufigen (wenn auch nicht völlig aufrichtigen) Protests der deutschen Juden, das Judentum sei eine absolut religiöse Identität. Natürlich sprach man auch dort von gewissen Zusammenhängen zwischen Judentum und Christentum, doch die vorherrschenden Kategorien waren *Judentum* und *Deutschtum*. Die in den Vereinigten Staaten typische Konstellation macht Juden und Christen gleichzeitig zu Amerikanern, denn »Amerikaner« ist eine vornehmlich politische Kategorie. Die Juden werden als anders aufgrund ihrer Religion angesehen (oder im Unterschied zu anderen ethnischen Gruppen wie den Latinos oder den irischen Amerikanern), doch sie sind gleichwertige Amerikaner. Die andere Auffassung sieht im Judentum und Deutschtum etwas grundsätzlich Verschiedenes auf der gleichen kulturellen Ebene. Sie zu vermischen – wenn das überhaupt möglich ist – würde den Charakter beider verändern. Und da das Deutschtum in enger Beziehung zum deutschen Staatsbürgertum stand, konnte dieser so verstandene kulturelle Unterschied politische Konsequenzen haben. Noch heute sprechen Historiker regelmäßig über *Deutsche und Juden*, doch ich kenne niemanden, der die Terminologie »Amerikaner und Juden« gebraucht.

In der deutschen Sprache gibt es zwei Worte für die Deutschen, *Deutsche* und *Germanen*. *Germanen* hat einen rassischen Beiklang, obwohl es auch in solchen Formen wie *Germanistik* erscheint. Die deutschen Juden haben niemals beansprucht, *Germanen* zu sein. In der Tat verdammte ein jüdischer Schriftsteller während des ersten heftigen Ausbruchs des deutschen Chauvinismus im Jahre 1815, was er als »Teutomanie« bezeichnete. Doch die bloße Existenz dieser besonderen Bezeichnung, die die Juden nicht erstrebten, ließ ihnen augenscheinlich den rassisch unbelasteten Namen *Deutsche* offen. Als man die deutschen Juden während des letzten Viertels des neunzehnten Jahrhunderts erneut angriff, behauptete eine ihrer führenden Persönlichkeiten, Moritz Lazarus, daß *Deutschtum* im wesentlichen eine subjektive Kategorie sei. Es sei nicht eine Sache der Geburt, sondern der Erziehung und des Wunsches, Deutscher zu sein. Später definierte der führende deutsch-jüdische Philosoph zu Beginn des zwanzigsten Jahrhunderts, Hermann Cohen, den deutschen Geist als »den Geist des klassischen Humanismus und des wahren Weltbürgertums«. Weil es somit in voller Übereinstimmung mit der universalen Botschaft der hebräischen Propheten sei, könne Deutschtum nicht der Feind des Judentums sein. Beide seien grundsätzlich gleich, beide verwiesen auf das messianische Ziel der Erlösung des Menschen. Cohens unhistorisches Wunschdenken beruhte auf seiner Definition des Deutschtums als eines nationalen Kantianismus. Das Wesen des Judentums fand er in einem selektiven Lesen von Jesaia II und Micha. Auch in den Vereinigten Staaten idealisierten führende Juden wie zum Beispiel Isaak Mayer Wise den Amerikanismus und das universalistische Judentum, doch ihre Formulierungen waren nicht so weit von der historischen Realität entfernt. Sie hatten nicht gegen eine engere Auffassung des Amerikanismus zu kämpfen, der die Juden ausschloß.

Die Sprache verrät noch einen anderen, nicht weniger bedeutenden Unterschied. Es war in Deutschland nicht ungewöhnlich, daß nichtjüdische Deutsche sich gegenüber den Juden als ein *Wirtsvolk* bezeichneten. Es war, als ob die Juden eingeladen seien, als Gäste in einem Haus zu wohnen, das nicht ihr eigenes war, und ihr Bleiben dort sei von ihrem guten Betragen abhängig. Der Hausherr konnte jederzeit dem Gast die Tür weisen. Ein verwandtes Bild zeichnete die Juden als adoptierte Kinder, die sich von den natürlichen Kindern des deutschen Volkes unterschieden. Dieser Anschauung der Verwandtschaft entsprang der volkstümliche Ausspruch in bezug auf die Juden: *»Stiefkinder müssen doppelt so brav sein«*. Beide Vorstellungen – Gastgeber und Gast, Eltern und Stiefkind – gab es nicht in Amerika, das stolz darauf ist, eine Nation von Einwanderern zu sein. Kategorien wie »eingeboren« und »Ureinwohner« sind dort nur auf eingeborene Amerikaner (Indianer) anwendbar, und die Juden werden nicht als Außenseiter oder Spätankömmlinge zu einem bereits vollständigen Volkstum betrachtet.

Die Beziehungen zwischen Judentum und Christentum waren in den beiden Ländern ebenfalls verschieden. Während der zweiten Hälfte des neunzehnten Jahrhunderts verbanden sich liberale amerikanische Christen mit liberalen Juden in einer »Free Religious Association«. Rabbiner und Pfarrer tauschten die Kanzeln. Später schlossen sich Juden und Christen zu gemeinsamen Unternehmungen für soziale Gerechtigkeit zusammen. Solche Phänomene gab es in Deutschland nicht. Einzelne Juden und Christen arbeiteten dort gewiß bei kulturellen und philanthropischen Aktivitäten zusammen, doch Christentum und Judentum führten keinen Dialog miteinander oder wirkten zusammen. Das Judentum in Deutschland erfreute sich nicht des gleichen öffentlichen Status wie das Christentum. Nur wenige Deutsche fanden, daß Toleranz gegenüber der jüdischen Religion mehr sein könnte als eine leidige Konzession für die geborenen Juden. Sie glaubten gewiß nicht, daß sie irgend etwas vom Judentum lernen könnten. Das war auch der Grund, daß die Lehre von der »Mission

Israels«–die selbst unter stark assimilierten Juden verbreitete
Idee, daß der jüdische Monotheismus nicht nur für die Juden
Religion in ihrer höchsten und relevantesten Form sei – die
deutschen Christen so verärgerte.

Die vergleichende Perspektive mildert somit etwas die
durch die Ironie gewonnene Sichtweise. Die deutschen Juden
sahen sich einer Situation gegenüber, die sehr verschieden
von der ihrer Glaubensgenossen in den Vereinigten Staaten
war. Bei ihnen gab es keine plötzliche Wendung von der Toleranz amerikanischen Stils zur Vernichtung durch die Nazis.
Seit dem frühen neunzehnten Jahrhundert mußten die deutschen Juden ständig darum kämpfen, Toleranz in einem Land
zu schaffen und zu bewahren, das sich dazu nicht von Grund
auf verpflichtet hatte. Sie hofften auf den Sieg des »guten
Deutschland«, vielleicht übertrieben sie seinen Einfluß, obwohl es keineswegs ein Hirngespinst war. Als Gabriel Riesser, der große jüdische Verfechter politischer Gleichheit, sich
in den dreißiger Jahren des neunzehnten Jahrhunderts in seinen Schriften für die vollständige Emanzipation der Juden
einsetzte, behauptete er – überzeugend und erfolgreich –, daß
die deutschen Werte, nicht die fremden, verlangten, daß den
deutschen Juden die Türen geöffnet würden. Daß das engere,
chauvinistische Deutschtum den Sieg davontrug, war keineswegs selbstverständlich, und es geschah nicht unvermittelt.
Selbst nachdem Hitler an die Macht kam, konnte man zumindest eine Zeitlang glauben, daß der furchtbare Lauf aufge-
halten werden konnte. Nur konnte 1933 kein Zweifel mehr
bestehen, daß die Assimilation gescheitert war.

Es gibt auch einen dritten Blickwinkel, den wir beachten
sollten: die Frage des Einflusses. Was haben die Juden in anderen Ländern vom deutschen Judentum gelernt? Da waren
natürlich die negativen Lehren, auf die ich zu Anfang hingewiesen habe: die Folgen der Selbsttäuschung und die Gefahren der Assimilation. Wie sehr ich auch die Vereinfachung

bedauern mag, auf der sie beruhen, ich kann ihren Einfluß nicht leugnen. Wenn die Juden in der Diaspora heute vorsichtiger, weniger naiv sind als vor zwei oder drei Generationen, so ist es nicht allein wegen des Holocaust, sondern weil sie erkennen, daß die deutschen Juden – ein ihnen ähnliches Judentum – nicht vorsichtig genug, sondern zu vertrauensselig gewesen waren. Ihr Beispiel dient als Warnung. Und wenn das Überleben der jüdischen Kultur den amerikanischen Juden, die sich als solche identifizieren, Sorge macht, dann teilweise darum, weil die Geschichtsbewußten unter ihnen sich an den schnellen Fortschritt der Assimilation in Deutschland erinnern und darin eine Warnung aus der Vergangenheit erblicken.

Doch wenn die Juden außerhalb Deutschlands, besonders in den Vereinigten Staaten, das deutsche Judentum ausschließlich in diesem Licht betrachten, dann verkennen sie, wieviel sie in ihrem eigenen Leben als Juden und in ihren eigenen Institutionen dem Vorbild der deutschen Juden gefolgt sind. Es gibt eine entschieden positive Sicht dieses Vorbilds, die eine ausführliche Darstellung verlangt.

Wie problematisch auch die Rolle der Juden in der radikalen Modernisierung in Deutschland für Juden wie Nichtjuden war, in einzelnen Kompromißformeln wurde die Modernisierung das Modell für die jüdische Existenz, wo immer Juden aus dem Getto herauskamen oder, wie in den Vereinigten Staaten, ihre historische Existenz frei von mittelalterlichen Fesseln begannen. So wurde der deutsch-jüdische Philosoph des achtzehnten Jahrhunderts, Moses Mendelssohn, zum Vorbild des modernen Juden, der Deutschland durch seinen kulturellen Beitrag bewies, daß Juden auch innerhalb von zwei Zivilisationen produktiv zu leben vermochten. Mendelssohn bezeugte durch sein Leben, daß es nicht einander widersprach, Werte einer aufgeklärten Gesellschaft anzunehmen und die Lehren und Gebräuche eines aufgeklärten Judentums zu bewahren. Die Bewegung der jüdischen Aufklärung, der *Haskala*, die er vorantrieb, war dem Universalismus und Rationalismus verpflichtet, die ihm zufolge schon in der jüdischen Tradition verwurzelt sind. Die Anziehungskraft der Haskala war unwiderstehlich. Von Berlin und Königsberg verbreitete sie sich nach Wien und Prag, nach Galizien und schließlich nach Rußland. Auch die amerikanischen Juden waren von Mendelssohn beeinflußt und konnten seinem Beispiel in einer Gesellschaft und Kultur, die Vielfalt willkommen hieß, leichter folgen. Selbst als der Zionismus den von der Haskala gehegten universalen Traum als unrealistisch in Zweifel zog, machte er sich ihre Diesseitigkeit zu eigen. Und obwohl der Zionismus unter den deutschsprechenden Juden nicht populär war, blieb er so lange ein Randphänomen, bis Theodor Herzl, der selber dem deutsch-jüdischen Milieu entstammte, die Kenntnisse und Erfahrungen nutzte, die er als Jude in Budapest und Wien erworben hatte, um ihn zu einer Weltbewegung zu machen.

In Deutschland begann auch die jüdische Zeitschriftenliteratur, erst 1784 auf hebräisch mit *Ha-Measef*, dann, 1806 auf Deutsch mit *Sulamith*. Diese Zeitschriften sollten dem deutschen Judentum den Übergang in die Moderne erleichtern, und sie wurden zu Vorbildern für ähnliche Zeitschriften in anderen Ländern. 1837 gründete Rabbi Ludwig Philippson die *Allgemeine Zeitung des Judentums*, eine jüdische Wochenzeitung, die eine wichtige Funktion erfüllte. Sie schuf nicht nur unter den Juden in Deutschland, sondern auch in anderen Ländern der Welt ein jüdisches Solidaritätsgefühl. Nicht zuletzt wurde sie ein Vorbild für amerikanische Publikationen wie Isaac Leesers *Occident* und Isaak Mayer Wises *Israelite*.

Noch bedeutender war der religiöse Einfluß der deutschen Juden. In Deutschland entwickelte sich zuerst das moderne Rabbinat in seiner heute bekannten Form. Im frühen neunzehnten Jahrhundert war der Gedanke, daß Rabbiner eine höhere weltliche Bildung haben sollten, in konservativen jüdischen Kreisen umstritten, ebenso wie die Idee, daß Rabbiner regelmäßige Predigten in der Landessprache halten oder die Rolle eines Seelsorgers spielen sollten. Doch diese Neuerungen setzten sich allmählich selbst in der deutschen Orthodoxie durch. Sie breiteten sich nach Westen, nach Frankreich und England aus, selbst bis in manche Kreise in Osteuropa, und sie wurden Voraussetzung für das amerikanische Rabbinat.

Trotz des relativ kleinen Anteils von Juden deutscher Herkunft innerhalb des heutigen amerikanischen Judentums beruht seine konfessionelle Spaltung – mit Ausnahme des auf seine Abtrennung bedachten Flügels der Orthodoxie und des ›Rekonstruktionismus‹ – auf Anschauungen, die im modernen Deutschland entwickelt wurden. Obwohl das amerikanische Reformjudentum auch eine Reaktion auf seine spezifische gesellschaftliche Umgebung war, sind die Grundprinzipien, die es sich seit der Mitte des neunzehnten Jahrhunderts zu eigen gemacht hatte, schon von Abraham Geiger und den anderen deutschen Reformern entwickelt worden: der Gedanke fortschreitender Offenbarung, die historisch-kritische Betrachtung der jüdischen Tradition und die zentrale Bedeutung der prophetischen Literatur. Ähnlich bleibt das konservative Judentum der Vorstellung eines flexiblen, historisch beweglichen jüdischen Gesetzes verpflichtet, für das in Deutschland Zacharias Frankel eingetreten war. Und die moderne amerikanische Orthodoxie stützte sich lange Zeit auf die Schriften von Samson Raphael Hirsch, besonders auf seine Idee, daß der Glaube an die Göttlichkeit des geschriebenen und mündlich überlieferten Gesetzes zugleich mit der Ausübung aller vorgeschriebenen Rituale nicht der vollen Teilnahme am politischen und kulturellen Leben einer modernen Nation widerspricht. Erst als die amerikanische Orthodoxie in den letzten Jahren begann, sich von äußeren intellektuellen Einflüssen zu distanzieren und sich in eine selbstgenügsame, traditionelle jüdische Welt zurückzuziehen, wurde Hirschs Einfluß geringer.

Bemerkenswert ist auch, daß unter den religiösen Denkern, die den größten Einfluß auf die heutigen Juden haben, deutsche Philosophen und Theologen noch immer unverhältnismäßig stark vertreten sind. Natürlich sind darunter auch Nichtdeutsche – etwa Rav Kook und Joseph Soloveitchik auf der orthodoxen Seite des Spektrums, Abraham Joshua Heschel und Mordecai Kaplan auf der Seite des religiösen Liberalismus. Doch es ist schwer, sich das moderne jüdische Denken heute ohne Hermann Cohens Messianismus, Martin Bubers Theologie des Dialogs, Franz Rosenzweigs religiösen Existentialismus und die Theologie der historischen Erfahrung des in Deutschland geborenen Emil Fackenheim vorzustellen. Es ist erstaunlich und wohl auch bedauerlich, daß der Staat Israel noch immer keinen dort gebürtigen religiösen Denker gleichen Ranges hervorgebracht hat.

Das deutsche Judentum entwickelte auch ein besonderes Engagement, das sich vor allem dem Schutz der Rechte der Juden und ihrer Verteidigung gegen falsche Anschuldigungen widmete. 1893 gründeten die deutschen Juden einen Verein zur Abwehr des Antisemitismus, den sie *Centralverein deutscher Staatsbürger jüdischen Glaubens* nannten. 1906 folgten amerikanische Juden ihrem Beispiel mit der Gründung des *American Jewish Committee* und dann, 1913, mit der Bildung der *Anti-Defamation League of B'nai B'rith*. So wie der *Centralverein* die größte und einflußreichste jüdische Organisation in Deutschland wurde, so spielten die verschiedenen jüdischen Schutzorganisationen in den Vereinigten Staaten bald eine bedeutende Rolle im amerikanischen Judentum. In Amerika ebenso wie in Deutschland wurde der Kampf gegen Vorurteile für viele, besonders nichtreligiöse Juden, zum wichtigsten Ausdruck ihres Judentums.

Mit der Verbreitung der jüdischen Studien an den amerikanischen Universitäten während der letzten zwanzig Jahre hat eine andere deutsch-jüdische Neuerung zunehmend Beachtung gefunden: Die *Wissenschaft des Judentums*, das systematische Studium des Judentums und des jüdischen Volkes. Moderne jüdische Gelehrsamkeit, die sich von der früheren Form des jüdischen Studiums durch die kritische Behandlung der Texte unterschied, kam in Berlin im zweiten Jahrzehnt des neunzehnten Jahrhunderts auf. Ihr bedeutendster früher Vertreter war Leopold Zunz, ein Mann, der durch seine außerordentlichen Kenntnisse besonders zum Lehramt befähigt war. Er erhielt jedoch keinen Lehrstuhl, da man die Juden und das Judentum einer solchen Ehre nicht für wert erachtete. In Deutschland blieb Zunz eine Randfigur. In Amerika jedoch erscheint heute der Mann, der die jüdische Gelehrsamkeit vom Odium der Theologie befreien wollte, als das früheste Vorbild für die Universitätsgelehrten von Judaica, und die *Wissenschaft des Judentums*, die ehemals in seinem Geburtsland abgelehnt wurde, ist heute an nahezu jeder Stätte höherer Bildung in irgendeiner Form vertreten.

Zum Schluß soll aus einer vierten Perspektive ergründet werden, was unter dem »deutsch-jüdischen Geist« verstanden wurde, von dem häufig die Rede war. Gab es besondere Eigenschaften, die die meisten deutschen Juden charakterisierten, Eigenschaften, die sich herauskristallisieren lassen und deren Einfluß den deutschen Juden ins Ausland folgte? Ich möchte auch auf die Gefahr hin, willkürlich und subjektiv zu verfahren, zumindest eine vorläufige Antwort darauf geben. Es ist vielleicht am besten, mit dem zu beginnen, was man als negativ ansehen könnte – den deutschen Juden fehlte es im allgemeinen an Leidenschaft. Ihr Enthusiasmus war wohltemperiert, sie ließen sich selten von ihren Gefühlen hinreißen. Die meisten lebten in den Schranken eines bürgerlichen Ethos, an dem sie in dem Gefühl festhielten, daß es für ihre

Sicherheit wichtig sei. Doch es gab noch eine andere Seite: Die deutschen Juden waren selten fanatisch. Natürlich hatten sie untereinander Meinungsverschiedenheiten, die sie auch scharf zum Ausdruck brachten, besonders zwischen Zionisten und Antizionisten – doch sie beachteten immer die Spielregeln. Sehr wenige deutsche Juden waren Chauvinisten, weder als Deutsche noch als Juden. Bemerkenswerterweise waren es führende deutsche Zionisten, die sich in Palästina angesiedelt hatten, Männer wie Arthur Ruppin, Samuel Hugo Bergman, Martin Buber und Ernst Simon, die eine ungemein große Rolle bei den Bemühungen um eine Aussöhnung mit den Arabern spielten, die 1925 in Jerusalem begannen.

Man muß auch hervorheben, welch großen Wert die deutschen Juden auf Bildung und Kultur legten. Sie strömten in weit größerer Anzahl an die Universitäten als Nichtjuden. Zwar war das Streben nach höherer weltlicher Bildung auch charakteristisch für die Juden in Osteuropa, doch in Deutschland war es besonders ausgeprägt. Dort hieß es, daß »Doktor« der typisch jüdische Vorname sei. Die Zahl der deutschen Juden, die die Künste förderten, war ebenfalls vergleichsweise hoch. Das Streben, kultiviert zu sein, war vielleicht das charakteristischste Merkmal der Juden. Es gab den deutschen Juden, die Mitte des neunzehnten Jahrhunderts nach Amerika einwanderten, oft das Gefühl, daß das Land in bezug auf höhere Kultur eine Wüste sei und daß seine grobschlächtige volkstümliche Kultur nahezu unerträglich sei. Noch achtzig Jahre später, als Amerika ein wesentlich höheres intellektuelles Niveau hatte, gab es zahlreiche deutsche Juden, die vor Hitler geflohen waren, und deren hohe wissenschaftliche und kulturelle Leistungen ihnen Stellungen an amerikanischen Universitäten und einen großen Einfluß auf das kulturelle Leben Amerikas verschafften.

Schließlich besaßen die deutschen Juden – natürlich mit Ausnahmen – einen Eifer, alles korrekt und ordentlich zu tun, der sie, vor allem in Israel, oft zur Zielscheibe des Spottes machte. Man sagte, wenn deutsche Juden etwa einen ramponierten Sitz in der Eisenbahn reserviert hätten, würden sie lieber die Unbequemlichkeit auf sich nehmen als sich auf einen leeren Sitz gegenüber zu setzen, den sie nicht reserviert hatten. Ihr eingefleischter Gehorsam gegenüber der Autorität – ein Produkt übertriebener Assimilation an Deutschland – hat sie vielleicht leichter zu Opfern gemacht, als die Nazis die Macht ergriffen. Doch von ihrem eigenen Standpunkt aus waren ihr Glaube an die Autorität des Gesetzes und selbst ihre außerordentliche Förmlichkeit, so steif sie auch manchmal war, ein Ausdruck ihrer Menschenwürde. Es war, glaube ich, diese ruhige, entschlossene Würde, die den deutschen Juden half, die Verfolgungen der dreißiger Jahre zu überstehen. Diese Würde konnte auch Rabbi Leo Baeck, die führende Persönlichkeit des deutschen Judentums, in seiner letzten Stunde der Heimsuchung, selbst im Konzentrationslager Theresienstadt noch behaupten und in anderen hervorbringen. Diese außerordentliche Würde, die jede Demütigung überwand, ist ebenfalls ein Teil des Vermächtnisses der deutschen Juden.

Schluß
Jüdische Identität in der Gegenwart

Die jüdische Identität existiert heute noch immer innerhalb des Kraftfeldes, das von Aufklärung, Antisemitismus und Zionismus bestimmt wird. Nur sehr wenige Juden in der Welt sondern sich freiwillig ab und bleiben den Einflüssen unzugänglich, die eine weiterreichende Identifikation versprechen. Fast alle Juden fühlen sich heute als Juden und zugleich noch als etwas anderes, das nicht spezifisch jüdisch ist. Für manche bleibt das Judentum die wichtigste Orientierung in ihrem Leben, der Mittelpunkt ihres Daseins. Meist sind es gläubige Juden, gleich welcher Richtung, die weiterhin ein Bewußtsein von der Auserwähltheit und des besonderen Schicksals der Juden haben. Andere hat die Aufklärung fast gänzlich von ihrer jüdischen Identität entfernt. Vernunft und Universalismus haben ihre besondere Loyalität zu Juden und zum Judentum erlahmen lassen. Einige sind grundsätzlich Universalisten; andere haben ihren alten Partikularismus durch einen neuen ersetzt. Die meisten Juden jedoch, die sich positiv zu ihrem Judentum bekennen, haben auf die eine oder andere Weise den Einfluß der Aufklärung angenommen. Sie behaupten, daß ihr Judentum nichts von neuen wissenschaftlichen Erkenntnissen oder von einem weiteren kulturellen Horizont zu fürchten habe und daß ihr universales Engagement mit ihrem Judentum im Einklang stehe. Es ist ihnen mehr oder weniger gelungen, die Erosion aufzuhalten, die die Aufklärung am Anfang der Moderne bedeutete.

Obwohl der Antisemitismus seit dem zweiten Weltkrieg schwächer geworden ist, bestimmt er noch immer wesentlich die jüdische Identität. Selbst in Ländern, wo der Antisemitismus am wenigsten spürbar ist, wie in den Vereinigten Staaten, fühlen sich die Juden dennoch potentiell gefährdet. Jüdische

Bürgerrechtsorganisationen sind aktiver geworden. Ihre Unterstützung bedeutet heute, wie früher, eine mögliche Identifikation mit dem Judentum. Seit die Juden in Israel die Juden in der Diaspora schützen wollen – und dies ist ein wesentlicher Teil der Beziehung beider –, hat das Vorhandensein von Diskriminierung und Verfolgung in der ehemaligen Sowjetunion, Äthiopien und ebenfalls Syrien auch dazu gedient, das Verantwortungsgefühl der Israelis für das ganze jüdische Volk zu wecken. Glücklicherweise reagieren Juden, zumindest im Westen, nicht mehr so übermäßig auf den Antisemitismus. Opportunistische Abtrünnigkeit findet man nur selten, ebenso jüdischen Selbsthaß. Der Antisemitismus ist für die Juden nicht so bedeutsam als gesellschaftliche Kraft ihrer Gegenwart; er ist von größter Bedeutung in der Erinnerung an den Holocaust. Das eindringliche Wissen um dieses Geschehen wird als ein besonderes Gebot empfunden, das Judentum zu bewahren, und zwar als eine universale Aufgabe: Weil andere die Juden aussonderten, gelte es, alles zu verhindern, was in der Zukunft einem Holocaust gleichen könnte.

Es ist jedoch das Gefühl, ein Volk zu sein, das heute die stärkste Komponente der jüdischen Identität darstellt. Obwohl die Wahljuden, wie wir sahen, dazu neigen, das Judentum hauptsächlich als Glaube zu betrachten, verbinden die meisten religiösen Juden das Judentum eng mit dem Judesein. Ihre Aktivitäten in der Synagoge sind für sie Mittel, ihre Zugehörigkeit zu bekunden. An Gottesdiensten nehmen sie teil, weil sie Mitglieder des jüdischen Volkes sind. Da die völkischen Bande stark bleiben, werden die Spannungen zwischen Diasporajuden und israelischen Juden nicht so schnell ihr gemeinsames Solidaritätsgefühl auflösen. Möglich, daß eine stärkere Ablehnung der israelischen Politik eine wachsende Anzahl von Diasporajuden zur Apathie verleiten könnte; möglich aber auch, daß dieselben Differenzen zur Bildung verschiedenartiger kleinerer Gemeinschaften verbunden mit gegenseitiger Identifikation führen könnte, die in ihrer Vielfalt die Spaltung von Israel und der Diaspora überbrücken. Jene israelischen Juden und Juden in der Diaspora, die in Fragen der Religion oder der israelischen Politik übereinstimmen, würden das Gefühl einer moralischen Gemeinde aufbauen, die auf ihren gemeinsamen, sei's praktikularen, sei's universalen Werten basiert.

Was auch immer daraus folgt, welche Formen auch immer die jüdische Identität früher oder später annehmen mag, Jude unter den Lebensbedingungen der Moderne zu sein bedeutet noch jetzt, sich den neuen äußeren Veränderungen zu stellen, sie zu prüfen und zu versuchen, diejenigen aufzunehmen, die in Einklang mit Grundprinzipien jüdischer Tradition stehen. Es wird auch weiterhin bedeuten, der Feindseligkeit so zu begegnen, daß das Judentum weder durch verinnerlichte negative Stereotypen entstellt wird noch daß die Erinnerung an frühere Verfolgungen wie die Angst vor künftigen der ausschließliche, trübselige Inhalt des Judentums werden. Vor allem hoffe ich, das sich das Judentum in Zukunft wie in der Vergangenheit auf Zion richtet. Denn Zion verkörpert nicht nur den jüdischen Ursprung und die jüdische Einheit. Es ist auch das Symbol der Erlösung, das die jüdische Identität auf ihr höchstes Ziel ausrichtet und ihm ihre eigentliche Bedeutung verleiht.